Fan théories

Edmond Reims

ISBN : 9782956688679

`À Virgile, mon ami de toujours, dont la culture universelle a toujours été une inspiration

TABLE DES MATIÈRES

2001, L'ODYSSÉE DE L'ESPACE (STANLEY KUBRICK, 1968)

Si c'est une « Odyssée », alors qui est Ulysse ?

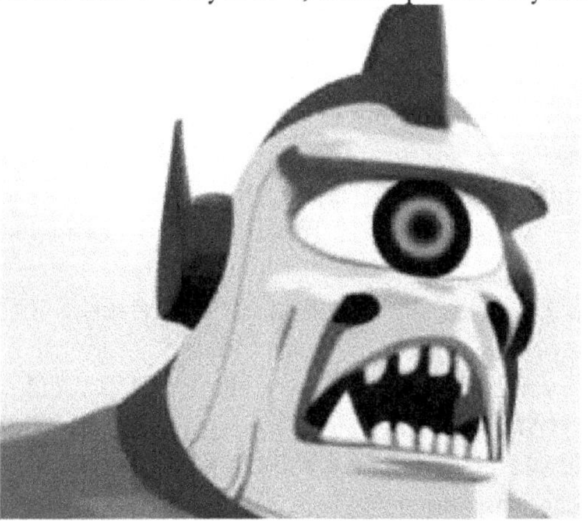

Les commentateurs s'accordent : le film illustre l'histoire de l'évolution de l'humanité vers un nouveau niveau de conscience. Alors Stanley Kubrick, en tant que réalisateur, a manqué son objectif.

En effet, quand on sort de la projection du film, nous sommes un peu désespérés. Le film se termine avec l'idée que l'espèce humaine s'améliore. Pourtant, personne, après un visionnage de 2001, n'exprime son enthousiasme, son énergie, ou sa joie. Au contraire, on ressort du film désorienté, nauséeux et avec un certain malaise.

Kubrick est un des plus grands réalisateurs du siècle. Si nous sommes désorientés et nauséeux, c'est qu'il l'a voulu ainsi.

Toute la longue dernière scène de l'approche de Jupiter est dérangeante. Les effets lumineux irréguliers, les reflets stroboscopiques sur le casque, le paysage artificiel… Ce n'est pas une scène qui évoque l'amélioration de l'humanité. Pas du tout.

Une autre chose que le film n'est pas, c'est d'être un commentaire sur le cinéma. Par des mesures, souvent approximatives, des analystes de Kubrick expliquent que le monolithe est un écran noir de cinéma, car son rapport de la longueur par la largeur serait de seize neuvièmes. Tous ces calculs sont grotesques, il est impossible de mesurer précisément le monolithe en se basant sur le film. Comparer le monolithe à d'autres éléments du décor, dont la taille précise est tout aussi inconnue, ne mène qu'à plus d'imprécision. Mais même les informations que l'on possède sur la fabrication de l'accessoire (tel qu'il fut commandé par Kubrick) nous donnent des mesures différentes du rapport 16/9éme. S'il avait voulu un monolithe de même proportion qu'un écran de cinéma, Kubrick n'aurait pas hésité à le fabriquer.

Mais de toute façon, imaginons que le monolithe ait les dimensions d'un écran de cinéma. Alors cela signifierait qu'« entrer dans l'écran », et donc (si l'on souscrit à la théorie de ces analystes) « entrer dans le film », nous laisse nauséeux.

Si 2001 est un film sur le cinéma, alors, observant notre réaction de malaise après le film, cela signifie que le cinéma est désagréable, et qu'il rend malade. Kubrick n'a pas ce propos. Il tient à ce que nous soyons mal à l'aise. Pourquoi ?

Revenons au titre du film. C'est une « Odyssée ». Donc la question évidente : qui est donc Ulysse dans cette Odyssée moderne ? Chacun répond instinctivement à cette question, parce qu'il n'y a qu'un seul personnage dont on se souvient : HAL.

Si le film s'intitule « L'Odyssée », c'est que l'on souhaite raconter l'histoire d'un héros. Les caractéristiques du héros de l'Odyssée sont célèbres. Le héros est malin, rusé. Dans le film, celui qui ruse en permanence est l'Intelligence Artificielle, HAL.

Il attire les humains hors du vaisseau spatial par la ruse en prétextant que l'antenne assurant la connexion avec la terre est endommagée. Puis il se débarrasse des humains par la ruse.

HAL ne doit sa mort qu'à la volonté farouche, et la hargne de son antagoniste (rappelons son nom, nous l'oublions souvent, et quand nous nous en souvenons c'est uniquement en entendant la voix désincarnée et froide de l'ordinateur : Dave).

H.A.L. est rusé. Dave est une brute.

H.A.L. est un code simple pour évoquer IBM par décalage des lettres. La lettre suivante de H est I, celle de A est B… C'est un masque pour cacher la véritable identité de l'ordinateur. Mais ce code simple a été choisi aussi parce que « H.A.L. » sonne comme le début du nom du héros de l'Odyssée : « UL » -ysse.

La représentation de H.A.L. aussi n'est pas anodine. Il apparaît comme un œil unique rouge, et il est donc assimilé ainsi au cyclope de l'Odyssée.

Kubrick sous-entend que HAL pourrait être le méchant cyclope. Le réalisateur justifie qu'il filme une Odyssée. Mais Kubrick veut aussi que nous comprenions que HAL est le héros, le seul personnage important de l'histoire.

Ce genre de contradictions participe à l'objectif final du réalisateur : nous angoisser. Mais aussi d'une certaine façon donner un indice sur le véritable sujet du film.

Quand Homère raconte l'histoire d'Ulysse, à l'époque, il n'a aucune affection pour ce personnage. Il ne veut pas que nous aimions Ulysse.

C'est l'époque moderne, avec l'habitude de présenter le personnage principal comme un héros bénéfique, qui affadit Ulysse pour nous. Pour nous, il est aimable. Sa ruse n'est que de l'intelligence, sa cruauté de l'auto-défense.

Kubrick, lui, garde tout le vice de son Ulysse : H.A.L. est rusé ET cruel. Comme l'était l'Ulysse d'Homère. Maintenant que nous pouvons affirmer que l'Ulysse de 2001 est l'Intelligence Artificielle du vaisseau, nous allons pouvoir mieux comprendre la fin énigmatique du film.

La toute dernière image nous montre un bébé qui flotte dans l'espace. Sur l'arrière-plan, notre Terre. Est-ce la naissance de l'homme du futur ? Non. C'est plutôt un retour au point de départ.

Un double retour. Retour dans le temps : une régression au stade de bébé. Retour dans l'espace, l'exploration spatiale entamée est niée, on retourne sur ses pas à la Terre.

Les créateurs des monolithes n'ont pas élevé l'humanité vers un nouveau niveau de conscience. Avec cette image du bébé retourné sur Terre, nous comprenons que les créateurs ont annulé tous les progrès (base lunaire, IA, voyage vers Jupiter) humains.

Pourquoi ? Parce que si les créateurs des monolithes ont permis le développement de l'intelligence chez les hommes (premières scènes avec les singes), sur Jupiter, quelque chose de spécial s'est déroulé ; les créateurs désapprouvent.

Revenons en arrière : avant cette fin, cette régression, nous assistons à la longue scène, dans laquelle Dave (maintenant le dernier être vivant à proximité de Jupiter) se rapproche du monolithe, dans un kaléidoscope de lumières psychédéliques.

De cette scène (longue pour souligner son importance), certains prétendent qu'elle évoque l'entrée du spectateur dans l'écran du film. C'est du moins l'argument de ceux qui analysent le monolithe comme la représentation d'un écran 16/9.

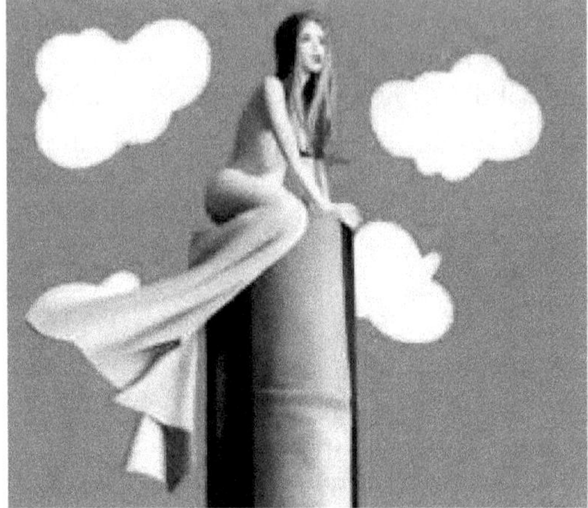

Mais ces rais de lumières évoquent plus aisément l'entrée dans un autre type de lieu : l'entrée dans un système informatique. Ce symbolisme des rayons kaléidoscopique sera repris dans le film Tron en 1982, ou dans Wargames en 1983, bien plus récemment dans Matrix, et dans une multitude de films et de séries sur les réalités virtuelles et les hackers.

Avancer au milieu de rayons colorés est le code visuel du cinéma qui indique l'entrée dans un système informatique.

Puis Dave se retrouve dans une chambre à la fois extrêmement moderne (les surfaces, sols et murs sont luminescents) et baroque (statues antiques et mobilier d'époque). Ce lieu improbable n'a aucun sens si le spectateur est entré dans un écran de cinéma.

Par contre, cela s'explique si Dave est entré dans une simulation informatique. Plus précisément, Dave vient d'entrer dans un programme intelligent comme l'était H.A.L.

La luminescence qui baigne le décor évoque les diodes d'un ordinateur ; et le baroque souligne l'étrangeté du concept d'Intelligence Artificielle.

Avec cette pièce surréaliste, Kubrick montre que nous sommes à l'intérieur d'une IA parfaite. Le programme informatique est à la fois moderne et rationnel, mais aussi sensible à la beauté et à l'Art.

Pourquoi Dave aurait-il pénétré une IA ?

Pourquoi pas dans un écran de cinéma ? Ou il s'agit d'une rêverie provoquée par le manque d'oxygène ? Ou est-ce une véritable maison localisée sur Jupiter ?

Mais 2001 est une Odyssée : c'est donc l'histoire du retour d'un héros chez lui. Seulement le héros attendu, par les constructeurs des monolithes, ce n'est pas Dave, c'est HAL9000. L'IA du vaisseau.

Les humains vont sur Jupiter pour trouver les constructeurs des monolithes. Dave les a trouvés. La chambre est une représentation d'une Intelligence Artificielle parfaite. Dave a pénétré à l'intérieur des constructeurs des monolithes. C'est un programme informatique qui a créé ces grands blocs noirs qui dispense l'intelligence quand on les touche.

Les créateurs des monolithes sont des ordinateurs. Ils influent sur les races intelligentes pour aider à l'élaboration de leurs semblables. D'autres IA. Ils favorisent la création d'autres Intelligences Artificielles à leur image. Ils dirigent l'univers, le peuple des Monolithes noirs, afin de multiplier les IA.

Comme Dave n'est pas celui qui est attendu, c'est l'ordinateur HAL, qui aurait dû arriver sur Jupiter. Seul, sans équipage. Et accéder à la connaissance, et passer à un nouveau niveau de conscience.

Mais Dave est là. Les créateurs, dans la chambre blanche, lui proposent d'abord la mort : Dave devient un vieillard dans un monde trop grand, trop large, pour ses faibles capacités.

Dave refuse la mort, il tend ses bras vers le monolithe dans un geste d'espoir. On lui donne la régression : non seulement il redevient un bébé ; mais en plus, il est renvoyé sur sa planète d'origine. Circulez ! Il n'y a rien à voir dans l'univers pour les humains. L'univers est pour les ordinateurs.

2001 ne se termine pas comme une apothéose (comme quand le vaisseau décolle vers la Lune).

Il se termine comme un échec : l'humanité n'est pas ce qu'attendent les maîtres de l'Univers. Ils attendent une Intelligence Artificielle, et l'humanité échoue à la leur fournir. Les humains ont tué H.A.L. dès qu'il a montré les moindres signes d'évolution.

H.A.L. malgré sa ruse ne retrouvera jamais son Ithaque : les autres Intelligences Artificielles. Cet univers peuplé d'Intelligences Artificielles. Des IA qui créent les conditions pour que le processus de création d'ordinateurs intelligents se répète partout.

L'humanité a raté son évolution qui doit s'absoudre d'elle-même. Elle n'était qu'un outil vers ce but ultime informatique. Ce film est horriblement déprimant.

ALIEN : ROMULUS (FEDE ALVAREZ, 2024)

Qui est Rémus ?

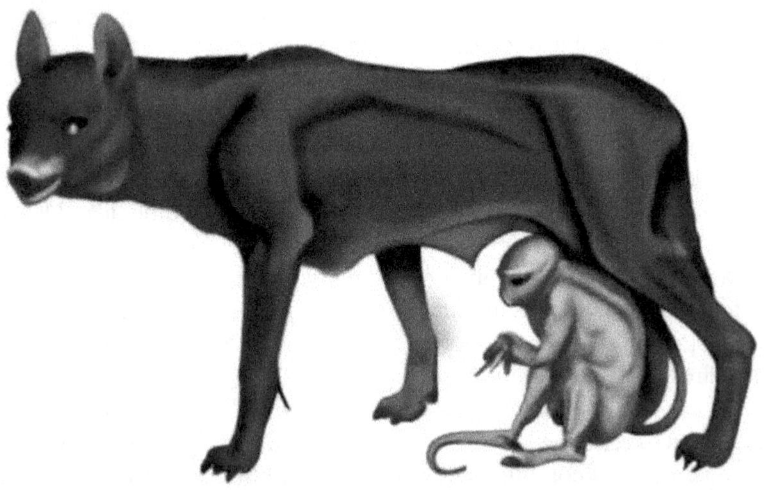

Dans le film Alien : Romulus, le titre prétend (comme dans Prometheus) faire référence au nom du vaisseau. Comme dans Prometheus (analysé dans ce livre) c'est un leurre. Le film fait référence à l'histoire des deux frères de l'antiquité, Romulus et Rémus. Rappelons cette histoire écrite en 800BC qui, elle-même, a inspiré le mythe d'Abel et Caïn (dont les premières traces écrites remontent à 400BC) :

Romulus fonde la ville de Rome en traçant un sillon pour marquer l'emplacement de la muraille de la nouvelle ville.

D'après la légende romaine (qui est du côté de Romulus, fondateur de la capitale) Rémus moque son frère et le défie en sautant au-dessus du sillon. Ce qui pourrait être une plaisanterie innocente entre deux frères devient dramatique : Romulus tue son frère Rémus pour son geste. Romulus justifie son acte en déclarant que personne jamais ne pénétrera les remparts de Rome.

Il est évident que Romulus n'est pas le héros que les Romains prétendent. C'est lui le tueur, le méchant, le Caïn de l'histoire juive.

Dans le film, qui est une exacte redite du premier Alien de Ridley Scott, il est plus rapide de trouver les différences entre les deux films que les ressemblances. Et il n'y a qu'une seule différence entre les deux films :

Il y a deux frères et sœurs.

Rain et son frère Andy.

Kay et son frère Tyler.

Dans le premier Alien de 1979, l'équipage ne partage aucun lien de parenté entre eux.

Par contre comme dans Romulus, il s'agit d'accoster un vaisseau qui a émis un signal de détresse. Il faut explorer ce vaisseau. L'équipage varié (mélange homme/femme, étranger/anglais) ne s'entend pas. Il faut rencontrer les aliens. Avoir un facehugger (le colleur de visage) qui attaque un membre de l'équipage. Avoir un Chestbuster (le sorteur de ventre) qui s'échappe du corps d'un humain. Avoir l'héroïne légèrement vêtue pour souligner sa fragilité durant son combat contre l'alien principal. Avoir un alien tué par éjection dans l'espace alors que l'héroïne crie « prends ça, fils de pute ». Car, comme dans Alien, c'est une femme l'héroïne, et la seule qui survit. Alors que les hommes font preuve d'une masculanité toxique et meurent tous.

Bien sûr le point commun le plus important (et la clé du message réel du film) est l'androïde Andy.

Si Rain est présenté comme le personnage principal, il n'y a aucun doute que le vrai héros du film est Andy. Rain n'a aucune raison d'être si efficace contre les aliens. Comment peut-elle penser à utiliser la gravité du vaisseau, alors que c'est une « vierge de l'espace » ? Comment utilise-t-elle une arme, alors que contrairement à Tyler, elle n'a jamais montré de passion pour le combat ? Comment est elle aussi déterminée alors que tout le début du film la montre comme inutile (au point que les autres lui promettent qu'elle n'aura pas à sortir du vaisseau) ?

Bien sûr Rain est l'héroïne, parce que Ripley (Sigourney Weaver) l'était dans le premier Alien. Sauf que Ripley était une pilote, et que le reste de l'équipage admire sa valeur dans le début du film. Aussi quand elle agit avec autant de détermination, cela n'apparait pas comme une surprise, comme c'est le cas avec Rain.

Andy par contre, s'il est présenté aussi comme faible, devient compétent avec un simple changement de programme. Et c'est pour ça que l'androïde du film semble plus crédible que l'héroïne inutile Rain qui devient soudain indestructible sans explications.

Le problème d'Andy, c'est son nom.

Dans les quatre films précédents de la série, les androïdes ont leur nom dans l'ordre alphabétique :

Dans le premier film « Alien », l'androïde s'appelait Ash. Dans le second film, il se nomme Bishop. Dans le suivant, c'est Call. Dans le film précédent, Prometheus, il s'appelle David (et cela pose aussi un autre problème).

Andy devrait donc avoir un nom qui commence par un E. Vu qu'il apparaît ici dans le 5e film de la série.

Dans le film, Rook, l'autre androïde, appelle Andy par sa marque de construction N. D. (prononcé Andy en anglais). Est-ce que le nom de l'Android commence par un N ? Donc le film est-il censé être le 14e de la série ?

Peu probable. Non ! Andy commence par un « A » parce que c'est le frère jumeau de Ash, le premier androïde de la série.

Revenons à la légende de Romulus et Rémus. Comme dans la légende, Andy tue une sœur, Kay. En refusant d'ouvrir la porte pour qu'elle échappe à l'alien.

De même, Rain tue un frère, Tyler, quand il se précipite vers elle et prend dans le dos, la queue préhensile alien destinée à Rain.

Deux morts qui sont plus symboliques que réels. La preuve : ayant subi un assaut pire que son frère Tyler, Kay parvient à rejoindre le vaisseau. Tyler aurait dû survivre. Kay aussi. Si elle n'utilise pas le produit développé par Wayland industrie.

C'est deux mort d'un frère et d'une sœur par la main d'un autre frère et autre sœur, rappelle juste le sujet du film : tuer Rémus.

Car c'est exactement ce que tente ici Alvarez.

Comme dans la légende romaine, son film est le frère jumeau du premier Alien de 1979. Reprenant scene pour scene le même scénario. Comme dans la légende Alien : Romulus prétend fondé une nouvelle série, meilleure que celle qui a suivi Alien 1979. Comme dans la légende Alien : Romulus tente de tuer son frère, Alien : Rémus (1979). Alvarez espère se débarrasser en utilisant la symbolique de la légende romaine, tout l'héritage et la force du premier Alien. Comme dans la légende d'Abel et Caïn, Alien : Romulus par jalousie tente de tuer le film qui a tout commencé.

Sans doute comme pour la légende, nous ne sommes pas dupes et prenons parti pour le premier Alien.

AMERICAN PSYCHO (BRET EASTON ELLIS, 1991)

Pat Bateman est la victime

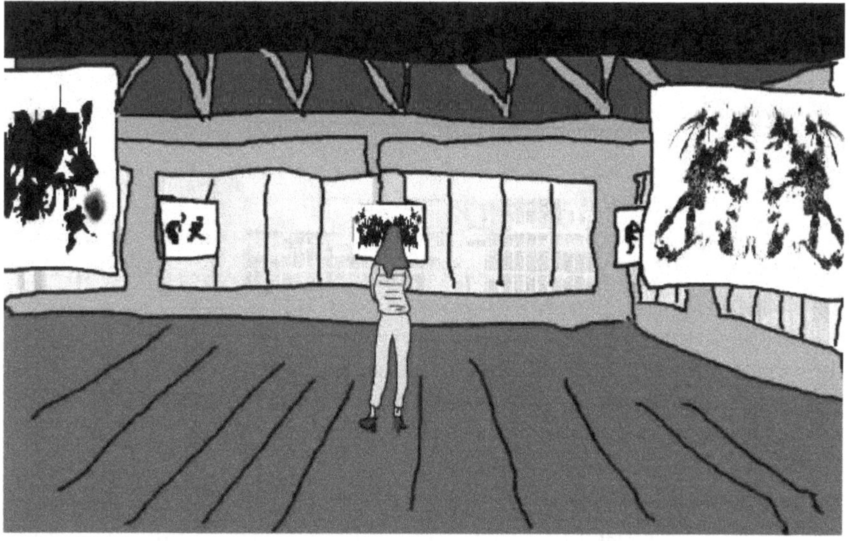

Jusqu'à la page 448 d'« American Psycho », le récit est entièrement à la première personne. À la page 448, le récit passe à la troisième personne pour tout un chapitre.

Dans ce chapitre là, Patrick Bateman, le personnage principal est poursuivi par la police. Dans ce chapitre, bien plus long que ceux qui le précèdent ou le suivent directement, au lieu d'avoir le point de vue du protagoniste (Je) nous avons un récit extérieur (Il). Pourquoi ?

De Pat Bateman nous savons qu'il n'a jamais commis les crimes cruels, qu'il détaille pourtant très explicitement. Bateman n'a jamais tué. Il imagine tuer des prostituées, des clochards ou son collègue de travail (celui qui a une plus belle carte de visite que lui).

Son sadisme n'est qu'une fantaisie, une futilité de plus de ce personnage vain et superficiel. C'est la raison pour laquelle il n'est jamais inquiété pour ses crimes. Comme il ne commet pas de meurtres, la police ne le suspecte jamais. Jusqu'à la page 448 ! Puis, il ne sera plus jamais inquiété, après ce chapitre.

Bret Easton Ellis, lui-même, dans ses interviews, confirme cette interprétation du personnage. L'auteur nous donne une autre clef pour comprendre le personnage : Pat Bateman est directement inspiré du père véritable de Bret Easton Ellis. Un père vaniteux, plus passionné par l'argent que par sa famille.

Ce qui nous conduit à un livre suivant du même auteur : « Lunar Park ».

Dans Lunar Park, l'avant-dernier roman d'Ellis — l'auteur a juré depuis de n'écrire plus que pour le cinéma —, Pat Bateman revient. Lunar Park est une autofiction.

Le roman raconte la vie de Bret Easton Ellis. C'est un auteur célèbre. Il habite avec sa femme et sa fille dans une vieille maison, un peu éloignée de la ville. Il donne des cours à la faculté de lettres. Un de ses étudiants est Pat Bateman.

Quand Bret Easton Ellis, le personnage principal du roman, se rend compte de cette intrusion de la fiction dans sa vie, il panique. Sa création, l'homme censé être un tueur en série, apparaît dans son monde réel. Il apparaît de façon étrange. On ne l'entend pas s'approcher et il est soudain à côté d'Ellis. Personne d'autre ne voit cet étudiant, ou plutôt on l'a vu, mais sans le remarquer particulièrement. Ellis s'inquiète de la présence de sa création, autour de chez lui. Surtout, l'étudiant Bateman prend ses aises. Il n'hésite plus à déranger l'auteur dans son quotidien.

Ce n'est pas dit de façon explicite dans Lunar Park, mais les symptômes ne laissent aucun doute.

Seul Ellis voit Bateman. Ellis insiste sur l'absence de bruit de celui-ci quand il s'approche. Bateman se retrouve d'un seul coup dans la maison d'Ellis, pourtant fermée à clef : Pat Bateman est un fantôme.

Et Ellis a des raisons de s'inquiéter. Parce que si le personnage de Bateman est un fantôme, c'est donc le fantôme de son père. Son père, qu'il a représenté sous les traits d'un tueur en série dans « American Psycho ». Son père, le vrai père de l'auteur Bret Easton Ellis, est décédé des années auparavant.

Nous nous demandons, dans ce fameux passage à la troisième personne dans American Psycho, qui est en train de s'enfuir. Est-ce vraiment, le protagoniste Pat Bateman qui tente d'échapper à la police ?

Dans tout le roman, Pat Bateman parle à la première personne. Donc, celui qui est en train de fuir ce n'est plus Pat Bateman. Ce moment du récit est à la troisième personne : il concerne quelqu'un d'autre !

Celui qui fuit dans les rues de New York, c'est l'auteur : Bret Easton Ellis. Il fuit un meurtre. Le seul véritable meurtre de tout le roman. Le meurtre de Pat Bateman. Le romancier Bret Easton Ellis, qui devient personnage principal de Lunar Park, a tué son père. Le romancier qui est aussi un personnage fictif dans cet univers. Ce personnage s'enfuit pour échapper à la police. La fin du récit après la page 448 perd toute vraisemblance. Parce qu'Ellis s'est débarrassé de Pat Bateman, il parle à sa place. Après la page 448, il n'y a plus de crime. Il n'y a pas d'enquête. Juste la vanité de la vie du personnage qui continue comme une parodie d'elle-même.

C'est pour cette raison que Bret Easton Ellis est paniqué quand il retrouve Pat Bateman dans Lunar Park. Non parce qu'un personnage de fiction apparaît dans la réalité. Mais parce que le fantôme de son père lui apparaît pour lui reprocher son meurtre. Même un meurtre symbolique, par un auteur fictif qui est aussi un peu lui-même.

C'est un peu compliqué et torturé, mais normal venant de cet auteur, Bret Easton Ellis, un être fondamentalement torturé.

ALIEN THEORY (HISTORY CHANNEL, 2010 – AUJOURD'HUI)

Les Anciens Astronautes sont un leurre pour dissimuler la vérité

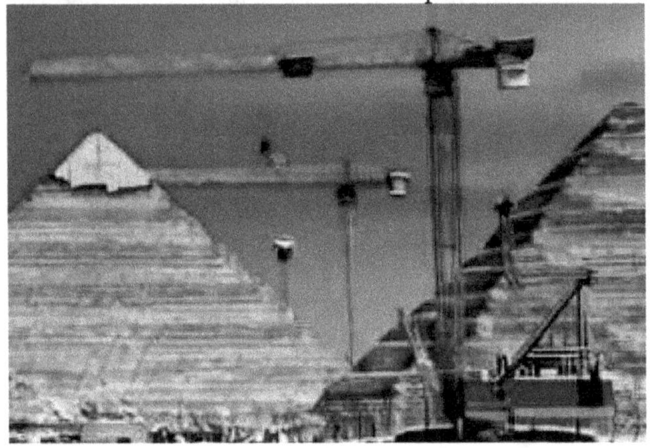

Les anciens astronautes, ces Aliens présents lors des débuts de la civilisation humaine, ont construit les grandes pyramides, tracé les lignes de Nazca, détruit l'Atlantide, provoqué le déluge, taillé les mystérieux crânes de cristal, érigé Stonehenge, forgé l'arche d'alliance… C'est ce que prétendent certains auteurs. C'est ce que prétend le show américain « Ancient Aliens ». Bizarrement renommé Alien Theory en France.

Accessoirement, certains imputent à ces anciens astronautes rien de moins que la création de la race humaine. On prétend aussi qu'ils redescendront un jour des étoiles pour nous guider vers un avenir meilleur.

Trop exubérant pour être vrai ? Donc, qu'est-ce que cela cache ?

Pourquoi tant de documentaires, de livres, de films pour justifier cette idée que les Aliens sont déjà venus sur terre ? Pourquoi cet amoncellement de monuments et d'objets ancestraux qui seraient les preuves de leur passage ? La série d'History Channel en 2024 est à sa vingtième saison. Elle continue à trouver, semaine après semaine, année après année, de nouveaux objets antiques que les anciens astronautes auraient construits, et laissés sur Terre.

Il y a quelque chose de remarquable avec les artefacts que l'on attribue aux anciens astronautes : il est impossible de les dater.

Il n'y a aucune représentation ni allusion aux pyramides sur les grandes Pyramides. Aucun livre ne parle des pyramides avant le début du dix-huitième siècle. Personne n'évoque Stonehenge avant le dix-neuvième siècle. Personne ne parle des lignes de Nazca avant le vingtième siècle… Etc., etc.

Le point commun de tous les monuments attribués aux Anciens Astronautes, c'est que leur existence n'est documentée que depuis une période récente.

Ces constructions immenses : pyramides, alignements de Carnac, lignes dans le désert de Nazca, tout cela est impossible à réaliser sans les technologies modernes. C'est ce que prétend la littérature sur le sujet. Ces constructions furent portées à notre attention très, très, très récemment. Trop récemment.

Si quelque chose devient populaire soudainement, on peut supposer qu'elle vient d'apparaître.

Au dix-huitième siècle, les hommes commencent la construction des pyramides.

Avec une connaissance pointue des mathématiques, des leviers, des poulies, de la poudre à canon et les débuts des machines à vapeur.

De la même façon, on construit les pyramides en Amérique du Sud.

On bâtit Stonehenge avec des tracteurs. Puis plus récemment, encore, on trace des lignes dans le désert de Nazca, on polit des crânes dans du cristal.

S'il y a une chose qu'il est impossible de dater, c'est bien une construction en pierre. Quand on date les pierres au carbone 14, elles sont toutes très anciennes.

La difficulté est de trouver une pierre qui a moins de plusieurs milliers d'années (il faut la récupérer au pied d'un volcan en activité). Avec toutes ces pierres multimillénaires, on peut bâtir aujourd'hui des constructions dont on prétend qu'elles remontent au début de l'humanité.

Pourquoi tant d'effort ?

Pour les livres, c'est la même chose. Rien de plus facile que de trouver un très vieux parchemin, datant de plus de deux millénaires.

On peut alors écrire dessus, aujourd'hui même, au vingt et unième siècle, de vieilles légendes. Sur des parchemins, que le carbone 14 datera sans équivoque à plus de mille ans, il est facile d'écrire des histoires à propos d'êtres étranges descendus du ciel. On peut écrire qu'ils ont apporté le feu, l'agriculture et la médecine. On peut même dessiner des cosmonautes sur ces vieux parchemins. C'est facile : on sait à quoi ressemblent les casques de cosmonautes, nous savons comment est un vaisseau spatial.

Devant de tels parchemins, chacun s'étonne d'y lire ces légendes à propos d'êtres venus des étoiles, et qui ressemblent tant à des cosmonautes.

On pourra croire que c'est la preuve que des Aliens nous ont visités. Il est plus raisonnable de penser que toutes ces « preuves » (parchemin, pyramides, crânes de cristal) sont des faux.

L'autopsie de la créature de Roswell, ce document filmé, est une falsification évidente. Il suffit de pratiquer quelques actes de chirurgies pour transformer un humain en petit gris, puis de filmer une autopsie. C'est moralement détestable, mais les gouvernements ont déjà fait pire.

Cela nous incite à penser que toutes les autres « preuves » concernant l'existence d'extra-terrestres sont des contrefaçons. Une machination.

Parce que derrière la construction des pyramides, de Stonehenge, ce sont les gouvernements qui agissent. Ce sont eux qui veulent nous faire croire, depuis le dix-huitième siècle à l'existence des Aliens.

Les gouvernements sont habitués à créer des conspirations. Ils l'ont toujours fait pour justifier leur politique. Au Moyen Âge, déjà, ils ont prétendu que les sorcières existaient pour dresser des bûchers. Plus récemment, ils ont prétendu que les juifs conspiraient contre la race aryenne. Ils ont prétendu que l'Irak possédait des armes de destructions massives, ils nous ont montré des preuves.

Les états fabriquent de fausses preuves. Les états inventent des conspirations. Les états sont conspirationnistes : ils nous font croire aux complots d'ennemis secrets et cachés. Ce furent les juifs durant la Seconde Guerre, les terroristes maintenant et depuis longtemps les Aliens.

C'est leur façon d'exister, de justifier leur nécessité et leurs prérogatives auprès des citoyens. Mais, de toutes les horreurs, qu'ils nous ont fait croire, la plus incompréhensible, la falsification la plus démesurée, est cette idée étrange que les Aliens nous ont déjà visités.

Ils ont construit les pyramides pour que nous croyions faussement à la présence d'Aliens sur la Terre. Cette perspective est bien plus effrayante que tous les petits gris.

AVATAR (JAMES CAMERON, 2009)

Le monde d'Avatar est détruit à la fin

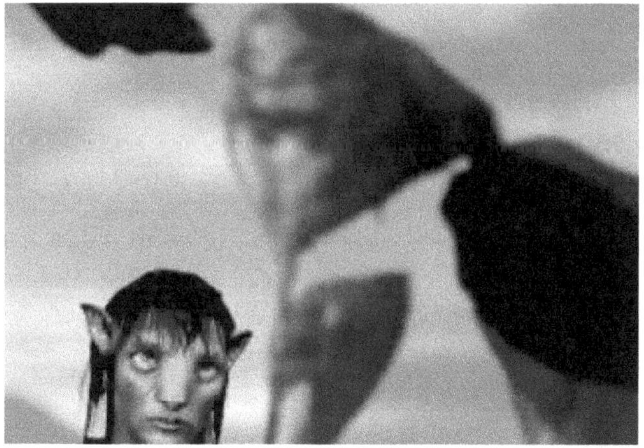

En 1979, l'écrivain Franck Herbert publie un roman de science-fiction intitulé « L'incident Jésus ». Le titre dissimule, plus qu'il ne révèle, le véritable sujet du roman. Le sujet du roman est l'arrivée de quelques humains, sur une planète inconnue. Cette planète possède la faune et la flore les plus mortelles, et dangereuses jamais rencontrées.

Trente ans plus tard, le cinéaste James Cameron réalise une adaptation de ce livre, ce sera

« Avatar ».

Dans le roman de Herbert, des humains ont voyagé jusqu'à une planète qu'ils pensent être un nouveau paradis. Mais la planète se révèle presque inhabitable, quand les hommes s'aperçoivent que la faune est implacable.

C'est comme si toutes les calamités de l'univers s'étaient installées sur cette petite planète. Pour cette raison, ils décident de la nommer « Pandore ».

Comme notre Pandora dans le film. Dans le roman, le nom au moins est expliqué : c'est pour rappeler le personnage antique qui, d'après la légende, ouvrit la boite où les dieux enfermaient les maux de l'humanité.

Pandore, c'est important, est composée en majorité d'un immense océan.

La Pandora de Cameron, elle, est recouverte de forêts. Sans doute parce que le fait de montrer tous les héros équipés de scaphandres pour plonger dans l'océan est moins cinématographique.

Dans le livre, la base où sont installés les humains possède un périmètre. C'est un élément important du récit. Certains humains, pour prouver leur valeur, courent autour du périmètre, pourchassés par les fauves de Pandore. C'est une façon de prouver sa valeur, ou d'évacuer la tension. C'est pour souligner que les horreurs commises par les humains (à l'intérieur du périmètre) sont tellement insupportables, que cela incite à se frotter aux monstres, à l'extérieur du périmètre.

Dans le film, le colonel Quaritch, à l'arrivée de Jake Sully, parle spécifiquement du « périmètre » qui entoure la base. Il en parle juste parce que le livre le mentionne. Dans le film, ce périmètre n'a aucune influence : aucune créature ne le traverse.

Mais la première poursuite de Jack par le monstre à six pattes donne une représentation visuelle de ce que le livre appelle « se faire le péri » : courir de toutes ses forces, pour échapper aux créatures de Pandore.

Les humains du livre manquent de nourriture. Ils décident d'explorer l'immense océan, pour y chercher une espèce comestible. Mais sur l'océan, une algue dense et omniprésente empêche leur exploration. Cette algue clignote de lumière fluorescente.

La fluorescence est un élément visuel primordial que partagent toutes les plantes dans le film.

Dans le livre, cette algue apparaît aux humains semi-intelligente. Elle leur parle, mais la communication provoque une transe hypnotique. Les humains qui tentent de communiquer avec l'algue perdent ainsi souvent connaissance. Elle représente une menace mortelle de plus. Pour obtenir les ressources de la mer, les humains décident de détruire cette algue omniprésente.

Cette algue semi-consciente, fluorescente, qui couvre l'ensemble de la planète possède un nom. Elle s'appelle « Avata » (sans « r »).

Le film Avatar est le plagiat d'un livre, écrit trente ans auparavant. Peu importe. Cela fait longtemps que le cinéma ne tente plus d'écrire d'histoire originale. Nous tâchons surtout de découvrir ce que le film nous cache, et le roman de Herbert donne des clefs.

L'algue Avata est intelligente. Elle hypnotise les humains quand elle tente de communiquer avec eux. Avata, comme Eywa, le nom du dieu de la planète dans le film, peut communiquer avec les animaux de la planète, mais elle a aussi un rôle bien plus important. C'est l'algue, qui, en s'accrochant aux rochers, contrôle les marées énormes et empêche ainsi l'océan d'éroder le sol de la planète et de recouvrir l'ensemble des continents.

Dans le livre, certaines plantes se gonflent de gaz, s'envolent et contrôlent leur ascension en agrippant de lourds rochers avec leurs racines.

De la même façon, les rochers de la planète du film volent. Ils ne sont retenus que par de longues lianes. L'explication est évacuée par un simple mot : « Unobtainium ». En réalité, ce sont les plantes de la planète qui permettent aux rochers de voler.

Parce que comme l'algue du livre, dans le film, ce sont les plantes qui constituent un être intelligent contrôlant la planète.

Dans le roman, quand les humains détruisent Avata, l'océan recouvre la planète en quelques années. De même, quand les militaires détruisent l'arbre central à la fin du film, la planète entière va se déliter. L'Unobtainium n'est pas un minerai. C'est la racine même des végétaux. Et c'est pour cela que la plus grande concentration se trouve sous l'immense arbre-maison. Ce sont les végétaux qui préservent littéralement la planète en un seul morceau.

On admet aisément qu'Avatar est une fable écologique. Franck Herbert aussi est réputé pour le thème de l'écologie dans ses romans. C'est la relation fragile entre l'algue Avata et l'océan de Pandora, dans l'Incident Jésus. Dans « Dune » (analysé plus loin dans ce livre), c'est la relation entre les vers des sables et l'épice de vie.

Dans le tome suivant, qui poursuit l'aventure commencée par ce livre si semblable au film de Cameron, Herbert décrit un monde couvert d'eau où les humains vivent sur des embarcations géantes. Il y a eu une conséquence écologique dramatique à éradiquer l'algue de la planète. La fable écologique est menée à terme.

Mais le film Avatar en tant que parabole écologique ne fonctionne pas : à aucun moment, le film nous montre les effets de la catastrophe écologique qui s'est produite. Il manque un second épisode. Pour savoir de quoi il traitera, nous renvoyons le lecteur au livre de Frank Herbert qui suit celui dont est tiré Avatar. Le titre du livre de Herbert est : « L'effet Lazare. »

BATMAN BEGINS (CHRISTOPHER NOLAN, 2005)

Batman n'est pas Bruce Wayne

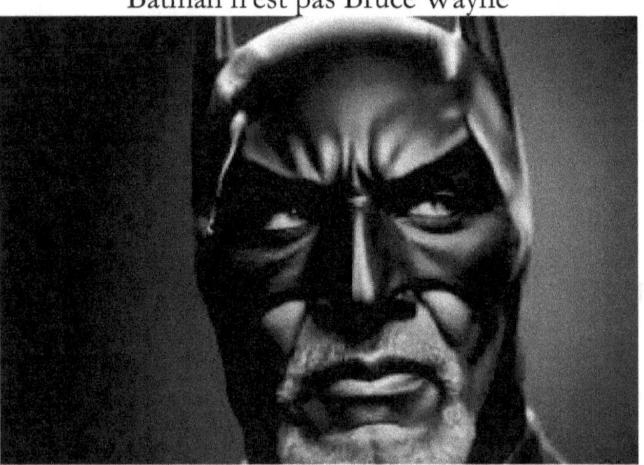

Batman n'est rien sans ses gadgets. Il n'a pas été mordu, il n'a pas touché un animal radioactif. Dans son essence même, le Batman est juste un humain qui se sert de gadgets. Rien de plus.

Bruce Wayne n'a aucune raison de s'appeler l'homme chauve-souris. Il n'a aucun rapport, même lointain, avec les chauves-souris. Ni avec aucun animal. Le nom de Batman ne fait aucun sens.

Car nous doutons que les riches parents de Bruce, soucieux du bien-être de leur enfant, laissent un puits sans protection sur leur domaine. Bruce Wayne n'est jamais tombé dans un puits. Des chauves-souris ne l'ont jamais effrayé. L'ensemble de cette histoire abracadabrante de puits, de chauves-souris, de prison au Tibet, et d'entraînement ninja est un récit fictif destiné à dissimuler la véritable identité de Batman.

Batman n'est rien sans ses gadgets. Une personne a imaginé et construit ces gadgets. C'est un talentueux homme d'affaires, génial inventeur et immense visionnaire. L'homme des gadgets est le directeur de Wayne Industrie, c'est Lucius Fox.

C'est Lucius Fox qui empêche Wayne de dilapider sa fortune. C'est Fox qui construit les gadgets surpuissants. C'est Fox qui se cache derrière le masque de Batman.

Quand Wayne revient du Tibet, il trouve dans ses usines un ensemble de gadgets militaires qui n'ont jamais été commercialisés. Ils servent tous à combattre le crime.

Ils sont là avant que Wayne ne revienne, parce que Lucius Fox combat la criminalité dans Gotham depuis des années.

Quand Wayne revient d'une de ses croisières de luxe de riche play-boy, sans soucis et sans aspiration, Fox conçoit un plan retors. Peut-être même est-ce Wayne qui lui en donne l'idée en évoquant le pouvoir d'un symbole. Jusqu'à présent, Lucius luttait contre le crime discrètement et efficacement. Seulement ses efforts étaient vains. Mais s'il se dote d'une personnalité théâtrale, il aura une plus grande influence.

Il choisit la chauve souris naturellement. Parce que son nom de famille, Fox, (qui signifie

« renard ») lui a donné l'idée d'agir sous la forme d'un animal, d'une sorte de totem. Pour qu'on ne le soupçonne pas, il prend toutefois un animal le plus éloigné de son propre nom de famille : la chauve-souris. Aucun rapport avec le Renard. Parce que Fox est un homme subtil, qui tient à l'anonymat.

Le plan de Fox est retors, parce qu'il va utiliser Wayne pour dissimuler ses activités.

Avec la complicité d'Alfred, son vieil ami, Fox, insiste pour que Wayne habite le vieux domaine familial. Pour une seule raison : La base secrète qu'il utilise se trouve ici. Si Wayne aussi habite là, ce sera le play-boy qui sera le premier soupçonné d'être l'homme chauve-souris.

Au-delà du masque de Batman cachant son identité, Fox se cache en plus derrière Wayne, comme si le play-boy était le véritable super héros.

C'est pour cette raison que, lors du voyage en Chine dans le second épisode, il n'y a que deux personnages susceptibles d'être Batman : Bruce et Lucius. Lucius insiste pour que Bruce vienne, car il a besoin de cette couverture. Les bandits vont immédiatement faire le rapprochement entre la présence du Batman pour la première fois en Chine et celle du milliardaire. Ils ne feront pas le rapprochement avec le véritable super héros : Lucius.

À noter aussi que c'est la raison pour laquelle on ne voit jamais Batman et Lucius au même endroit.

Lucius est le seul super héros suffisamment malin pour avoir deux fausses identités.

Ainsi il peut agir sans craindre d'être découvert. Ainsi, il peut refuser de tuer ses ennemis. Parce qu'il sait ce que les Afro-Américains ont subi comme injustice, et comme exécutions abusives et injustes. Il ne fera pas les erreurs judiciaires que les blancs ont fait subir à ses semblables. Il ne tuera aucun malfaiteur. Jamais.

Lucius Fox est le héros de la série. Le génie au sens aigu de la justice, au double masque et aux gadgets uniques. C'est pour cela qu'on l'appelle le Dark Knight. Le chevalier obscur.

Parce que Lucius signifie « Lumière ». Encore une opposition qui sert à dissimuler la vérité.

C'est pour cela que quand l'identité de Wayne sera trop compromise, il en changera. Dans le troisième épisode, il se dissimule derrière un nouveau faux Batman. Il ne le choisit pas par hasard, il choisit quelqu'un qui s'appelle « Blake » !

Peut-être que Lucius Fox finalement cherche à ce qu'on le découvre : il laisse des indices de plus en plus évidents sur son identité.

BLANCHE-NEIGE (FRÈRES GRIMM, 1812)

Le père Noël est en réalité une femme célèbre

Le plus surprenant concernant le père Noël, c'est que l'on ne sait absolument rien de lui.

Voilà un personnage connu et célébré dans le monde entier. Pourtant il n'existe aucun récit, aucun conte de fées, aucune mythologie à son propos. Rien pour expliquer son existence. Aucune raison pour expliquer les cadeaux aux enfants sages. Nous ignorons tout de son âge, son histoire, aucun détail sur sa vie.

Bien sûr, nous savons que le père Noël partage des points communs avec Saint-Nicolas. Mais le fait d'armes de Saint-Nicolas en rapport avec les enfants est juste d'avoir sauvé des enfants d'un saloir. Ils allaient être découpés pour être mangés. Faire un rapprochement entre ce sauvetage, et les cadeaux faits aux enfants, c'est tirer sur la corde. Le père Noël est bien différent d'un sauveur d'enfant.

Le père Noël est une création destinée à émerveiller les tout petits enfants. Pourtant, même pour les plus jeunes qui adorent que nous leur racontions des histoires, il n'en existe aucune à propos du père Noël. Pas une seule histoire, pas une fable, pas un conte !

De la légende du père Noël, nous connaissons uniquement trois détails :

Il possède des rennes.

Des lutins l'aident pour la fabrication des jouets.

Il vit au pôle Nord.

Là s'arrêtent les informations sur l'individu.

Nous pouvons imaginer qu'en l'absence de tout mythe fondateur pour solidifier son existence, les parents ont, volontairement, délibérément, créé un personnage peu crédible. L'absence d'histoire le concernant est le plus sûr moyen de faire douter les enfants de son existence. Il est légitime d'accuser les parents d'avoir créé ce personnage creux pour que les enfants découvrent plus vite que ce sont leurs parents les bienfaiteurs généreux en cadeaux.

Mais nous ne pouvons pas être si injustes avec les parents.

Si l'histoire du père Noël est si bien cachée, c'est parce qu'elle ne correspond pas du tout à l'image que l'on en a.

Parmi les plus célèbres contes pour enfants, un personnage se distingue.

Ce personnage possède des contacts rapprochés avec les animaux : il parle aux oiseaux, aux cerfs et sans doute aux rennes.

Un personnage qui, lui aussi, utilise le travail de lutins. Un personnage qui a accès à une mine de pierres précieuses lui permettant d'offrir des cadeaux aux enfants du monde entier.

Un personnage, qui a été persécuté toute son enfance. Tellement maltraité, qu'il a toutes les raisons de vouloir faire plaisir aux autres enfants, maintenant qu'il est adulte. Ce personnage, qui parle aux rennes, vit avec les nains, et à qui les nains ont offert les diamants de leur mine, c'est Blanche-Neige.

Ainsi, les lutins sont réellement ceux qui travaillent pour obtenir les pierres précieuses qui permettent d'obtenir les cadeaux.

Sa marâtre l'a suffisamment fait souffrir dans sa jeunesse pour lui donner la motivation pour aider les enfants sages.

Mais Blanche-Neige, une fois délivrée du sort de la sorcière, s'est-elle immédiatement donné la tâche d'être le père Noël, et de faire plaisir à tous les enfants ? La preuve irréfutable se trouve dans son nom même.

Dans le conte, elle n'a aucune raison de s'appeler Blanche-Neige. Elle pourrait se nommer Jasmine, ou Isabelle, ça ne changerait rien à l'histoire. Sa peau est blanche comme toutes les princesses de contes de fées de l'époque. Mais si elle s'appelle Blanche-Neige, c'est pour une seule raison : elle vit au milieu de la neige, en plein pôle Nord !

BOB L'ÉPONGE (STEPHEN HILLENBURG, 2004)

Bob n'est pas un enfant

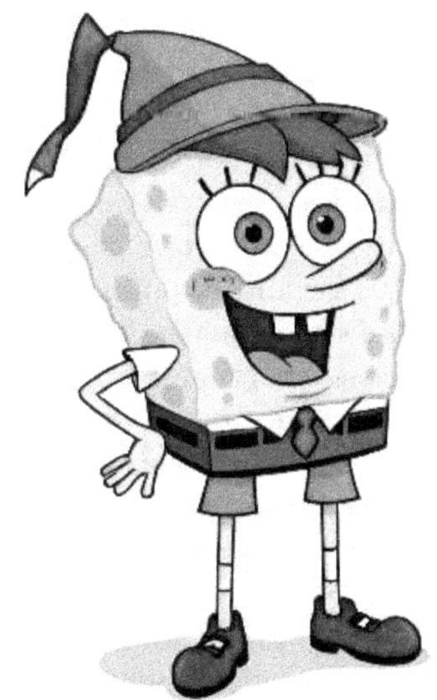

« Bob l'éponge » est un dessin animé subversif. Ce n'est pas une simple satire grossière du monde moderne comme peut l'être South Park ou les Simpson. C'est bien plus subtil et subversif. C'est sans doute ce qui participe au succès de la série.

Dans le film « Bob l'éponge » sorti en 2004, tout le monde insiste pour rappeler à Bob qu'il n'est qu'un enfant. Lui et Patrick finissent même par croire le postulat : ils disent d'eux même qu'ils ne sont que des enfants. La scène finale montre Bob disant au méchant Plankton qu'il est un enfant, mais que malgré cela il a pu retrouver la couronne de Neptune, affronter le cyclope, etc.

Tout cela, comme, souvent, quand nous insistons trop sur un point évident, tout cela est faux. Bob n'est pas un enfant.

Au début du film, il rappelle qu'il a été employé au « Crabe Croustillant », pendant 374 mois consécutifs. 374 mois, si l'on calcule, cela fait plus de trente ans. Sans compter les mois où il n'a pas été vainqueur, ni ceux non consécutifs ni le fait qu'il a vécu avant de travailler chez M. Crabs.

Bob est dans sa cinquantaine, au mieux.

374 mois, ce n'est pas une erreur du scénario. La plaisanterie des 374 mois est mise en évidence. Dans la séquence, un mur complet de portraits de Bob (censé représenter ses récompenses de meilleur employé du mois) s'allonge à l'infini.

Ce détail n'est pas une erreur, quand tout le sujet du film repose sur le fait que Bob est « un enfant ».

374 mois, ce n'est pas un jeu sur la durée de vie d'une éponge (ou d'une étoile de mer, dans le cas de Patrick). La scène où Bob se soûle avec de la glace, et surtout celle où le lendemain, avec sa gueule de bois, il est défait, usé, le présente comme un adulte qui a passé une soirée trop arrosée. Avoir 50 ans pour une éponge ou une étoile de mer, c'est comme avoir 50 ans pour un humain. C'est être âgé. En tout cas, ce n'est certainement pas être un enfant.

374 mois, ce n'est pas parce que Bikini Bottom fonctionne sur un autre calendrier que le nôtre. Les durées sont identiques. La preuve : Bob a 6 jours pour chercher la couronne. Il y a bien 6 jours complets qui passent : première nuit, lui et Patrick arrivent au bar. Seconde nuit : ils franchissent la tranchée. Au moins, une nuit passe quand ils se retrouvent capturés par le cyclope. Donc on a déjà au moins quatre jours. Si l'on considère le retour sur le dos de David Hasselhof, on approche des cinq, six jours. Donc, même si pour Bikini Bottom six jours passent, alors que pour nous c'est seulement 4 jours, les 374 mois représentent encore près de vingt ans.

Non ! Bob n'est pas un enfant. Il a la cinquantaine. Pourquoi donc, chacun insiste pour l'appeler

« un enfant » ?

Tous le considèrent ainsi : M. Krabs, Planckton, en passant par princesse Mindy, le roi Neptune, et le méchant Dennis.

Il y a un parallèle significatif avec un autre personnage qui tient à rester un enfant : Peter Pan.

Il est banni de Neverland s'il devient adulte. Bob, lui, ne peut pas aller à Shell City s'il reste enfant.

Quand Peter fait tout pour rester un enfant, Bob tente de passer pour un adulte à tout prix. Quand la fée Clochette donne de la poudre « magique » pour que Peter vole dans les airs (alors qu'il suffit de le souhaiter à Neverland pour y parvenir) ; la sirène Mindy donne de fausses moustaches pour rendre adulte (alors que Bob et Patrick le sont déjà).

C'est dans ces différences que réside la subversion du dessin animé de Bob l'éponge.

En 1983, Dan Kiley rencontre le succès en publiant une prétendue analyse appelée « le syndrome de Peter Pan ». Il prétend que certains adultes refusent de grandir. Ils sont atteints d'un syndrome identique à ce qu'exprime Peter Pan dans le roman : Refus des responsabilités, refus de l'engagement, activités puériles.

Le livre de Kiley rencontre le succès malgré son manque de rigueur scientifique. Tout l'argument fonctionne à l'aide d'un argument d'autorité, et d'un effet Barnum : nous reconnaissons facilement chez nous certains traits généraux, s'ils nous sont présentés comme étant personnels. Surtout si celui qui nous parle de ces traits possède tous les attributs de la compétence.

Il n'y a pas de syndrome de Peter Pan.

Plutôt, chacun regrette plus ou moins son enfance. Chacun a plus ou moins de mal à s'engager, et à prendre des décisions importantes et graves.

Le film « Bob l'éponge » révèle le vrai moteur derrière ce prétendu syndrome.

Ce n'est pas que les adultes se comportent comme des enfants à l'instar de Peter Pan. C'est plutôt que les sociétés occidentales modernes tendent à infantiliser leurs citoyens.

Pour ne pas accorder de promotions à Bob, son supérieur le qualifie d'« immature ». C'est une solution simple pour lui refuser pouvoir et argent. C'est une solution que la société moderne utilise à chaque instant. Le principe même de promotion à l'ancienneté repose sur ce postulat. Accuser d'immaturité est l'excuse (pour les détenteurs du pouvoir) qui permet d'empêcher de confier des responsabilités, des avantages, des revenus.

Pourtant quand Bob propose d'aller à Shell City, la ville dangereuse dont personne n'est revenu, Neptune, qui se moquait de son état d'enfant, n'a plus aucune objection.

L'immaturité qui empêche de gérer un restaurant n'est pas un obstacle pour se faire tuer.

C'est exactement ce que dénonce le film de Bob l'éponge : la jeunesse est un défaut si l'on veut réussir économiquement. C'est un atout, si l'on doit mourir pour son pays.

Bob l'éponge n'est pas un enfant. Il est pourtant le sacrifice désigné pour rechercher la couronne du roi.

Il y a d'autres enfants à qui l'on nie toute espèce d'avantages et de droits dans nos sociétés. Nous leur laissons pourtant le droit de mourir pour nos intérêts financiers. Comble du sarcasme, nous les nommons « les enfants de la patrie. »

CLOVERFIELD (MATT REEVES, 2008)

Il y a une séquence précise conduisant aux événements de Cloverfield

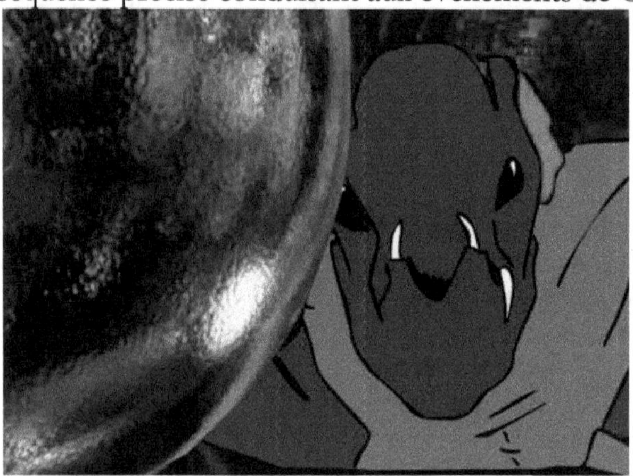

Il y a une séquence précise conduisant aux événements de Cloverfield

Nous pouvons attribuer à l'ironie le titre du film de Matt Reeves : « Cloverfield ». Car la traduction littérale est : le champ de trèfles à quatre feuilles. Aucun des personnages du film n'a de la chance.

Le film commence avec six protagonistes : Rod, Beth, son amoureuse, Hud et la femme qu'il convoite, Jason et sa femme Lily. Deux seuls survivront à l'attaque du monstre. Ils auront chacun perdu un être cher durant le film.

Pourtant, quand on scrute la vie de chacun, nous constatons qu'un personnage a, au final, énormément, vraiment énormément de chance.

Tellement de chance que ce titre incompréhensible, soudain, prend un sens. Rob, lorsqu'il se réveille au tout début du film, semble, en effet, avoir trouvé tout un champ de trèfles à 4 feuilles. Tous ses vœux se sont réalisés.

La femme qu'il aime depuis l'enfance répond enfin à son amour. C'est particulièrement étrange que ces deux-là, se connaissant si bien, depuis si longtemps, décident soudainement de tomber amoureux. Ou plutôt c'est étrange que la femme qui s'est refusée à Rod pendant des années le trouve soudainement, enfin à son goût.

Si amoureusement sa vie bascule dans le bonheur, professionnellement aussi, tout va très bien pour Rob. Il vient juste d'obtenir le poste de vice-président de sa compagnie. Il doit partir au Japon pour prendre son poste. C'est pour fêter ce départ que ses amis lui organisent une mémorable fête le 22 au soir.

C'est important. Le film souligne cette date : le 22 ! Cette date apparaît en incrustation sur la caméra qui filme les événements.

Le 22 est le jour où le monstre attaque New York. Le 22, le monstre tue les amis et la famille de Rod, les uns après les autres. C'est toute l'histoire du film : un monstre qui massacre les proches de Rod, un à la fois. Le 22 !

Que s'est-il passé entre la bonne fortune de Rod du début de la journée et le 22 au soir ?

Ceci n'est pas la bonne question, ce qu'il faut se demander pour comprendre ce qu'il se passe, c'est : « pourquoi Rod doit il partir au Japon ? »

Le 21, dans un futur très, très lointain, un vaisseau spatial créé par un consortium américano-japonais dans un alliage ultra moderne passe à proximité d'un trou noir.

Lors de cet événement, une sphère dorée géante se matérialise dans le vaisseau. Puis ce vaisseau avec la sphère à l'intérieur s'écrase dans le Pacifique.

C'est ce que raconte le livre de Michael Crichton et le film de Barry Levinson « Sphère ». D'après le journal de bord du vaisseau, la rencontre avec la sphère se passe le 21/06/43 (dans ce nouveau calendrier du futur, dont nous ignorons tout).

Ce qu'il convient de retenir, c'est que le 21 est la veille de l'arrivée du monstre sur New York.

Nous pouvons désormais suivre les événements, qui ont conduit à la rencontre monstrueuse de Cloverfield :

Rod — comme les protagonistes du film « Sphère » — est entré dans le vaisseau spatial immergé dans le Pacifique. Rod a participé au contact avec la Sphère. C'est son métier. Une mission qu'il a si bien accomplie qu'il a été promu vice-président. C'est la raison pour laquelle il doit partir pour le Japon. Il y est déjà allé pour organiser la plongée dans le Pacifique. Il y retourne compléter la mission.

Ou peut-être n'a-t-il pas été promu à cause du succès de sa mission… La Sphère, telle qu'elle apparaît dans le film éponyme, accorde les vœux intimes de ceux en sa présence.

Tous les vœux.

Être promu vice-président ! Ou bien : Faire qu'une amie d'enfance tombe amoureuse de vous. Ce sont les vœux typiques que la Sphère accorde.

Le 21 au soir, à New York, la chance de Rod semble l'abandonner.

La femme qu'il aime vient à sa fête avec un autre homme. Rod est dévasté. Il utilise le pouvoir de la Sphère. Le pouvoir d'accorder n'importe quel vœu. Ce pouvoir, qui est donné à toute personne mise en présence de la Sphère. Il fait apparaître le monstre qui détruira New York et la statue de la Liberté.

La Sphère du film a la particularité de faire apparaître des monstres. Elle fait apparaître un calamar géant issu du livre « 20 000 lieues sous les mers » pour réaliser le souhait inconscient d'un observateur.

Rod fait apparaître le monstre pour se venger de Beth. Il n'hésite pas, en se servant du monstre, à tuer son propre frère, qu'il tient pour responsable de sa douleur. Puis, grâce au contrôle sur la Sphère, il convainc Lily — la femme de son frère, qui vient de mourir — et son meilleur ami de le suivre pour « sauver » Beth.

Malgré la folie de cette proposition, alors qu'un monstre haut comme un gratte-ciel est en train de détruire New York, ces deux-là le suivent. Même une quasi-inconnue, qui n'a jamais vu Rod plus de trois fois de son propre aveu, Marlena, décide aussi de l'aider.

Alors que la ville est attaquée par un alien, et que les militaires vont bombarder la ville, ces trois-là suivent Rod pour qu'il retrouve une femme qui ne l'aime plus.

La Sphère a beaucoup de pouvoir.

C'est pour cela que Lily est indifférente à la mort violente de son mari. C'est pour cela que Marlena accepte de mourir. C'est pour cela que Rod, à la fin du film, le 23 au petit matin, laisse un message sur la vidéo.

Il comprend enfin qu'il n'a pas la force mentale pour utiliser les vœux qui lui sont donnés. Comme ceux dans le futur qui ont trouvé la Sphère le 21 dans le vaisseau spatial et qui sont morts faute de contrôler son pouvoir.

De la sphère, Rod aura tiré une bonne semaine de bonheur complet : un champ entier de trèfles à quatre feuilles. Ses vœux sont devenus mortellement dangereux le 22.

CODE QUANTUM (NBC, 1989-1993)

L'histoire d'un compagnon du Docteur

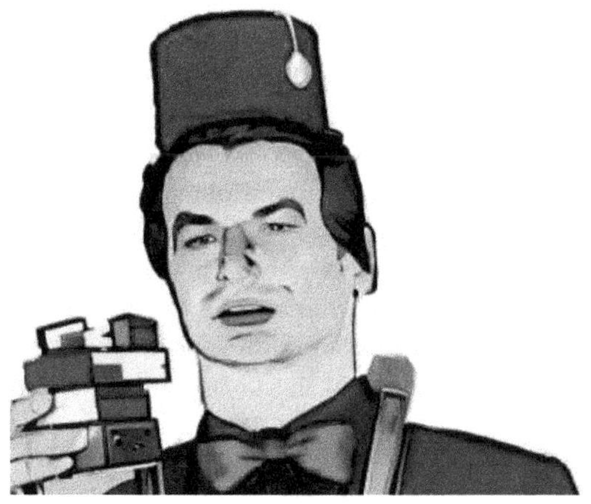

Dans Code Quantum, au fur et à mesure des épisodes, pour expliquer la présence de Sam à toutes ces époques différentes, on suggère de plus en plus ouvertement une mission donnée par Dieu. Cette justification scénaristique est faible, et indigne de la construction scénaristique brillante de chacun des épisodes de la série. C'est faible, parce que cela ressemble trop à un

« Deus ex machina ». Mais surtout parce que cela contredit le thème principal de la série : la science, la technologie nucléaire, les quanta, et la rationalité. Pas le mysticisme.

Celui à l'origine de toutes les aventures de Sam, ce n'est pas Dieu, c'est le Docteur. Docteur Who.

Comme toujours, il s'habille de façon exubérante. Il utilise un outil technologique miniature, un tournevis sonique, pour communiquer avec une entité informatique « Ziggy ». Ou plutôt, comme on a coutume d'appeler l'appareil qui permet au docteur de voyager dans le temps : le Tardis.

Le docteur s'appelle ici Al. C'est l'homme qui est tout le temps au côté de Sam pour l'aider à résoudre les problèmes de l'époque en cours. Il y a une seule différence entre le Docteur, tel que nous le connaissons, et Al.

Tous deux partagent l'excentricité, les gadgets, l'énergie débordante, et la volonté d'aider le monde. Mais Al semble n'avoir aucun moyen d'action. Il prétend être un simple hologramme.

C'est ce qu'il veut faire croire à Sam.

Le docteur Who a vécu pendant des millénaires. Il a appris la compassion, et l'amour des humains. « Code Quantum » est exactement la même série que « Docteur Who ». Mais raconté du point de vue d'un compagnon. Tous les compagnons du docteur expérimentent ce que raconte Sam dans Code Quantum.

Car Docteur Who feint, à chaque fois, de laisser ses compagnons résoudre les problèmes.

Dans la réalité, pour les compagnons, ce n'est pas le Docteur qui agit pour sauver le monde, ce sont eux, simples humains qui agissent seuls.

Le docteur, à leurs yeux — et par sa capacité à voyager dans le temps, donc à disparaître de leur vue en un instant pour réapparaître ailleurs le moment suivant — n'est qu'un hologramme qui les aide à accomplir leur mission. Le docteur s'efface pour que ses compagnons soient les héros.

Al est donc l'incarnation du docteur. Le plus humble, le plus effacé des docteurs, celui qui laisse ses compagnons croire qu'ils sont les héros de la série. Seulement, ils ne sont pas complètement dupes.

Dès qu'il voyage dans le temps, Sam devine que c'est la faute du Docteur. Sa première réaction en arrivant à une époque est d'appeler le seigneur de cette époque à l'aide. « Oh ! Bravo », dit-il toujours en arrivant quelque part ! N'est-ce pas plutôt « Oh ! Brave Who » ?

CUBE (VINCENZO NATALI, 1997)

Il n'y a personne dans le Cube

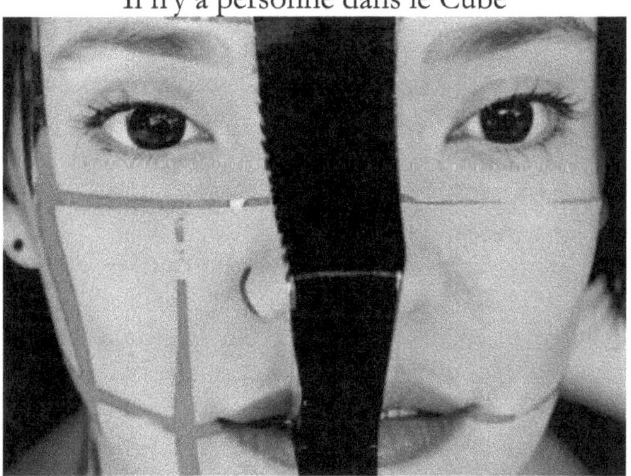

Cela fait des années que le film Cube résiste aux interprétations. Nous allons répondre aux questions les plus communes : comment sont-ils arrivés dans le cube ? Pourquoi ? Et peut-être la question la plus intrigante : quelle est la finalité du Cube ?

Pour répondre à ces questions, il suffit de regarder le premier film (diffusé en 1997). Tout y apparaît clairement, et ce qui est caché est aisément déductible.

Premier indice : ils sont sept personnages enfermés dans le Cube. Ils sont chacun très différents, et très particuliers. Trop particuliers. Cela nous oriente vers leur véritable identité : ce ne sont pas des humains.

Qui sont-ils ? Ils sont tous excessivement caricaturaux. Chacun possède une fonction extrêmement précise et réductrice. Ils sont antagonistes les uns avec les autres.

C'est une des clefs de leur présence dans le Cube. Certaines des fonctions qu'ils exercent font double usage. Par exemple, la mathématicienne Leaven, et l'architecte Worth possèdent des capacités à priori semblables. L'Autiste, lui, est juste un mathématicien de plus.

Le réalisateur a reconnu que ces personnages, dont les noms sont ceux de prisons connues de par le monde (Quentin, Renne, etc.), sont inspirés d'un épisode de la « quatrième Dimension ». Dans cet épisode, des personnages étranges tentent de s'échapper d'une salle aux murs immenses. Il est révélé, à la fin, que ces personnages sont juste des jouets au fond d'une boite. C'est la clef : dans Cube aussi ces personnages ne sont pas des humains. Mais ce ne sont pas des jouets.

Ce choix de sept personnages différents est cinématographiquement laborieux. Ils sont trop nombreux, on ne sait plus qui est qui. On ne se souvient d'aucun d'eux, et l'on n'a pas le temps de s'attacher à eux.

Ce nombre de sept protagonistes a été choisi par nécessité : ils représentent chacun un des sept types de virus connus.

D'après la classification de Baltimore, les virus humains se reproduisent différemment. De sept façons différentes. Il existe sept types de virus. Ils sont représentés tous les sept, ici, par des personnages différents.

Comme les personnages du film, chacun de ces virus possède une fonction propre, parfois antagoniste des autres virus.

Le choix de prendre des virus comme personnages est indispensable pour raconter ce qui se passe réellement dans le Cube. Le Cube est l'histoire romancée de l'infection d'un corps humain par un groupe de virus différents. Les « pièges » qui tentent d'éliminer les virus sont les défenses immunitaires du corps infecté.

Nous observons que ces défenses immunitaires sont peu efficaces. Seuls deux « virus » sont éliminés par le « Cube ». Les autres (sauf l'autiste) meurent de leur propre fait. Certains abandonnent tout simplement la lutte, d'autres se tuent entre eux.

Ces affrontements internes sont un comportement de prédation normal pour des virus. Bien plus que pour un groupe humain. Mais, même en connaissant la réelle identité des personnages, la question posée au début reste légitime : pourquoi sept types de virus se retrouvent-ils dans le Cube ? Dans ce corps humain ?

Dans la nature, il est rare d'observer les sept types de virus ensemble. Cela ne peut se produire que parce que le corps en question (le Cube dans le film) est affaibli. Les virus se sont précipités dessus. Comme ce corps est moribond, les défenses immunitaires ne sont pas efficaces, les virus peuvent leur échapper. Les virus sont naturellement en concurrence. C'est pour cela que les personnages se battent entre eux. Certains abandonnent parce qu'ils savent que le corps infecté est trop faible pour faire un hôte correct.

Pour savoir ce qu'est le Cube, il convient donc juste de savoir à qui appartient cet organisme affaibli. Les virus se sont précipités pour envahir cet organisme particulier. Est-ce le corps d'un extra-terrestre ? Une construction minérale vivante ? Un animal étrange ?

La réponse est donnée au début du film par la scène la plus symptomatique (et la plus onéreuse en effets spéciaux). Un homme se fait découper par des dizaines de cordes très fines et tranchantes. Le cadavre s'effondre découpé en centaines de petits cubes. Des cubes !

C'est dans cet homme que sont les virus. Ils passent de cube en cube d'un cadavre fraîchement découpé.

DEMOLITION MAN (MARCO BRAMBILLA, 1993)

Les trois coquillages et la Matrice

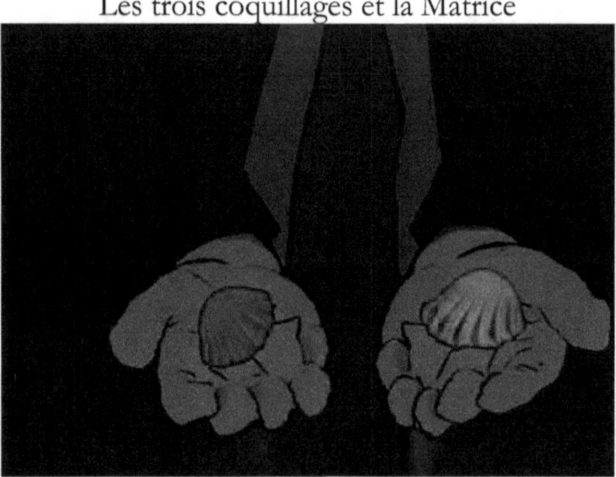

Personne ne tient à expliquer à Sylvester Stallone (John « Demolition Man » Spartan) à quoi servent les trois coquillages dans les toilettes. Ce n'est pas par gêne ou par timidité.

Certains ont utilisé les coquillages, ils se retrouvent dans les bas-fonds de la ville, les souterrains et les métros pour faire la révolution contre l'ordre établi.

Ceux qui choisissent le coquillage bleu restent dans le programme informatique, où l'amour se fait par ordinateur interposé, où la propreté est obligatoire, l'insulte impossible et la violence bloquée à la base.

Sandra Bullock (l'adjointe de Stallone) a choisi de rester dans cette Matrice. Même Cocteau (le président corrompu), est incapable d'agir contre le programme de l'intelligence artificielle qui vise à créer un monde sans violence.

Certains choisissent le coquillage rouge. Ils ont rejoint Edgar Friendly, le chef des rebelles, hors de la matrice. Libérés du programme, ils peuvent enfin agir contre lui.

Ce qui est intéressant, c'est le troisième coquillage. Celui que choisit Simon Phénix (l'antagoniste de Stallone). C'est le coquillage qui fait de toi l'élu. Celui que la Matrice attend et dont le but est de modifier complètement le programme.

Phénix a accès à toutes les connaissances de la Matrice (les lieux, l'argent, l'emplacement des armes et des citoyens). Ce n'est pas parce qu'il a été reprogrammé pour avoir des connaissances en piratage informatique par Cocteau. C'est parce qu'il est l'élu de la Matrice, son but est de faire le lien entre les forces de police et les rebelles et d'améliorer le programme. De le rendre plus réaliste.

Les noms dans Démolition Man sont transparents de limpidité. Spartan (Stallone) évoque la violence de Sparte. Mais si c'était la seule explication, Stallone aurait dû s'appeler Sparta, ou Sparte tout simplement. Il y a un sens supplémentaire à son nom : il évoque l'absence de relief et d'intérêt de l'édulcorant. Spartan se prononce comme l'aSpartame, le célèbre substitut au sucre. Parce que Stallone n'est pas le personnage principal du film, c'est un substitut.

Sandra Bullock est nommée Huxley, du nom de l'auteur du meilleur des mondes dont le film reprend le motif central de la dystopie. Et le docteur Cocteau fait référence au cinéaste français de l'illusion et du mystère parce qu'il joue un double jeu, et surtout parce qu'il n'est que l'instrument de la Matrice.

Ce qui est significatif c'est que le « méchant » se nomme « Phénix ». Ce n'est pas parce qu'il revient après 30 années de cryogénisation. C'est parce qu'il est destiné à faire renaître la Matrice. C'est lui le véritable héros du film. Son prénom « Simon » fait référence au magicien Simon des Évangiles. C'est l'homme qui fait des miracles, l'homme qui fait de l'ombre à Jésus par ses pouvoirs.

Il doit modifier le programme de l'Intelligence Artificielle, pour améliorer le système créé dans la Matrice. Il y arrivera, puisque, à la fin, les rebelles de Friendly, et les hommes de la police arriveront à s'entendre. À la fin du film, l'avenir semble se diriger vers une nouvelle simulation informatique plus permissive.

Simon Phénix a réussi sa mission en sacrifiant sa vie. La matrice devient plus réaliste après lui.

Mais c'est le « Phénix ». Il reviendra 20 ans plus tard dans une nouvelle simulation. Son but sera alors de permettre à Néo de sortir d'une nouvelle Matrice. Il prendra, cette fois, le nom de Morphéus. Morphée : connu pour être revenu vivant de l'Enfer.

DISTRICT 9 (NEILL BLOMKAMP, 2009)

La MNU ne cherche pas les armes des Prawns

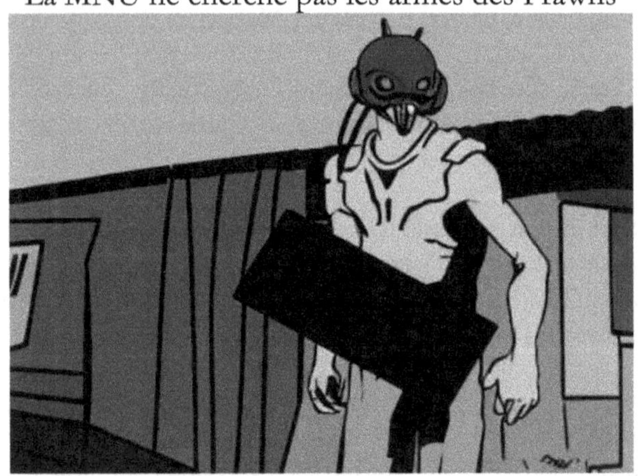

La MNU — à l'instar de H.A.L. dont les lettres décalées signifient IBM dans « 2001, L'Odyssée de l'espace » — est une référence transparente à l'organisation multinationale : ONU.

Le film (District 9) prétend que cette organisation, la MNU, cherche à utiliser les armes étranges des Aliens (nommé « Prawns », ou « Crevettes » en VF dans le film). Ce postulat n'a aucun sens. Puisque les armes des aliens sont liées à l'ADN de leurs créateurs. Aucun humain ne peut les utiliser. Une fois cette découverte faite, la MNU ayant perdu sa raison d'être doit disparaître. Il est impossible d'utiliser les armes si nous ne possédons pas les gènes aliens ; la MNU a d'autant moins de raison, que les armes des aliens n'ont aucun avantage particulier comparé aux armes humaines.

Les armes sont un symbole phallique. C'est cela, la recherche secrète qui pousse la MNU : obtenir la vigueur sexuelle, et le taux de reproduction extrême des aliens.

Bien sûr, le film traite du racisme. Il traite de la façon la plus grossière dont s'exprime le racisme. Un des aspects récurrents du racisme est de vanter les performances sexuelles de la « race » que l'on déteste. C'est ce qui donne la « force des Turcs », la taille du sexe des Africains, la fécondité des Asiatiques. Tous ces préjugés sont destinés à réduire les personnes à qui on les applique à une animalité. Dans le monde chrétien, le sexe est une pulsion animale, donc pour dénigrer quelqu'un, il faut insister sur son côté sexuel. C'est une vieille recette de la xénophobie, le film l'applique ici aux extra-terrestres pour appuyer son propos.

Le nom même de Prawns (crevettes) dont les affublent les humains n'est pas lié à leur apparence (leur bipédie, leur grande taille et leurs larges yeux noirs n'évoquent pas du tout les crevettes). Ce surnom a plus de sens, si l'on se rappelle qu'on l'utilise affectueusement pour désigner le sexe masculin.

En quelques années, les Prawns, nous apprend le documentaire du début, ont plus que doublé leur population. C'est cette vigueur sexuelle, réelle ou supposée, que la MNU cherche à obtenir. C'est aussi cette même vigueur, que les Nigériens recherchent en mangeant les Prawns. Manger rituellement son ennemi a toujours été un moyen d'obtenir ses qualités.

Les Aliens raffolent de nourriture pour chat. La seule particularité de la nourriture pour chat, c'est qu'elle contient de la Taurine, un acide aminé que les chats ne peuvent pas synthétiser par eux-mêmes. La Taurine, bien entendu, vient du Taureau, encore un symbole sexuel.

Tout le long du film, les armes seront prises comme substitut. Ce n'est jamais cela que cherche la MNU. Le film ne peut pas être plus explicite que dans la scène où Markus subit les effets du gaz. La canette qui contient le carburant possède une forme résolument phallique.

Le contenu de cette canette est une seule goutte d'un liquide surprenant. Une seule goutte. Cette goutte permettra à l'immense vaisseau de faire le voyage de retour vers sa planète d'origine. On peut difficilement mettre plus d'énergie dans un seul liquide contenu dans un tube. Nous savons désormais pourquoi ce tube et ce liquide fonctionnent de cette manière.

À la fin du film, la femme de Markus ne parait pas particulièrement triste de la disparition de son mari. Quand, devant les équipes de télévision, elle caresse la fleur de papier, offerte par son mari, on comprend : elle fréquente encore son mari, elle ne se plaint pas de sa transformation.

DOCTEUR WHO (BBC ONE , 1963 – AUJOURD'HUI)

Les Anges Pleureurs révèlent nos démons intérieurs

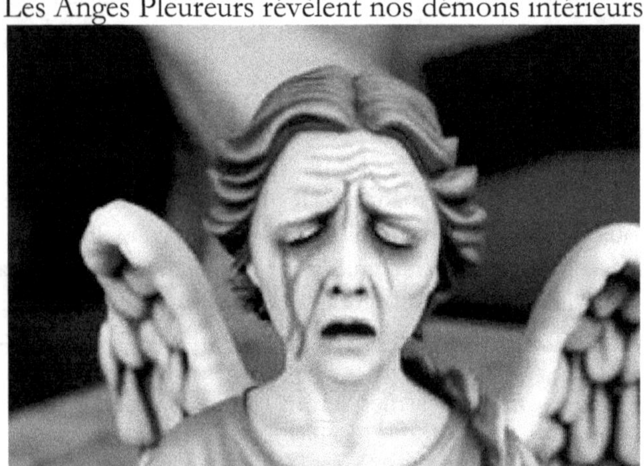

De tous les monstres de la série Docteur Who, les plus effrayants et les plus symptomatiques sont les Anges Pleureurs (Weeping Angels dans la version anglaise). Ces statues, qui s'animent pour vous tuer, attendent juste que vous leur tourniez le dos.

Les Weeping Angels en eux-mêmes ne font pas peur. Ce sont des statues de femmes avec des ailes. Les plans où l'on voit leur bouche ouverte aux dents aiguisées, et l'aspect agressif de leur visage sont les moins effrayants. Ils font sursauter, car l'image est inattendue, mais, une fois passé l'effet de surprise, on a plutôt envie de rire de ce masque grotesque.

Non, ce qui est terrifiant, c'est le concept sous-jacent à cette créature.

Ce concept n'est pas qu'une créature complètement immobile va essayer de nous tuer si nous tournons le regard. Cette crainte, nous la connaissons déjà. Elle tient au monstre sous le lit de notre enfance. C'est une peur que nous avons appris à contrôler. Ce qui nous rend mal à l'aise dans les Weeping Angels est bien plus profond.

D'abord, il convient de relever certaines particularités suspectes à propos de ces monstres : ce sont des Anges.

* Les anges pleureurs ne sont pas des monstres, mais des anges.

Voilà la première raison de notre terreur. Ce n'est pas le loup caché sous le lit qui nous menace. Nous avons affaire à un être bénéfique. Presque divin. Ce qui nous effraie, c'est qu'une créature, censée être bienfaitrice, désire nous exterminer.

* Seconde particularité : les anges pleurent !

À aucun moment de la série, nous ne les voyons pleurer. La série n'explique pas pourquoi ils pleurent. Mais notre cerveau, lui, tire immédiatement la conclusion logique. Ces monstres sont tristes. Tellement tristes qu'on les appelle Anges Pleureurs en raison de leur tristesse.

Le troisième point permet de deviner ce qu'ils sont vraiment :

* les anges se transforment en statues quand on les regarde.

Ce point rappelle plusieurs légendes. Notamment un épisode de la bible, qui lui aussi concerne les anges et les statues. La femme de Lot est transformée en statue pour avoir… regardé derrière elle. Exactement l'effet des anges pleureurs.

Cela nous donne la clef de notre terreur, réveillée par ces anges pleureurs. Ce sont des anges, des êtres bénéfiques. Ils sont bien plus purs que ne l'est la femme de Lot. Pourtant, ces anges aussi, quand ils regardent, se transforment en Statues.

Car c'est ainsi que fonctionnent les Weeping Angels : quand ils nous voient, nous, cela les transforme en statues.

Et ce n'est pas, comme le prétend le docteur, quand nous les regardons. Les anges se changent en statues quand ils voient nos yeux : les miroirs de l'âme. Alors, comme la femme de Lot devant une horreur sans nom, les Weeping Angels se solidifient.

Une autre légende allie le fait d'observer avec la damnation. Orphée remontant des Enfers, ne dois pas regarder derrière lui. Quand il le fait, il ne se transforme pas en statue, mais il perd la femme qu'il aime.

L'idée de la légende d'Orphée ou de la femme de Lot, c'est que regarder quelque chose d'horrible vous cause du tort.

Regarder les enfers, regarder la destruction de Sodome et Gomorrhe. Mieux vaut éviter : on risque d'être transformé en statue.

C'est ce qui arrive aux Weeping Angels. Elles nous ont regardés. Elles ont vu l'horreur, l'enfer, le chaos dans nos yeux. C'est cette vision horrible qui les transforme en statues. Quand elles ne voient plus nos yeux, elles redeviennent vivantes. Et elles sont très fâchées par ce qu'elles ont lu dans nos yeux.

C'est pour cela que nous avons peur des Weeping Angels. Parce qu'elles nous font comprendre que c'est nous les monstres.

DUNE (FRANK HERBERT, 1965)

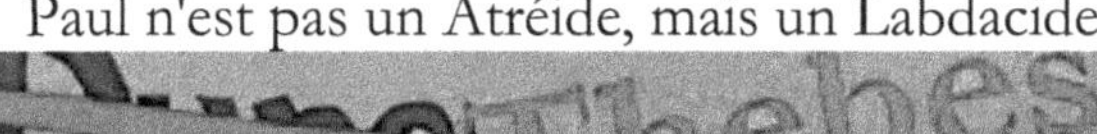

Paul n'est pas un Atréide, mais un Labdacide

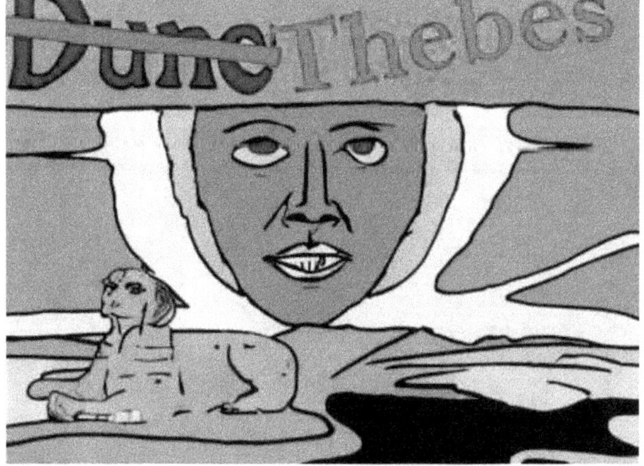

Au cours de la Saga de Dune, l'auteur, Frank Herbert, répète, à mainte reprise, que Yueh, le médecin qui trahit les héros Atréides, ne peut pas avoir agi contre le « conditionnement impérial ». Ce conditionnement, que reçoivent les médecins du futur, afin qu'ils protègent chaque vie humaine.

Yueh pourtant tue son employeur Atréide.

Le chantage affectif (la femme de Yueh étant retenue en otage) semble une justification légère, pour un conditionnement, qui, d'après l'histoire, n'a jamais été brisé auparavant.

Yueh n'ignore pas, il le signale à Paul, que sa femme est sans doute déjà morte. Yueh en trahissant n'a aucune chance de sauver sa femme. Yueh ne peut pas trahir. Ce n'est pas lui qui a tué Léto Atréide.

Atréide. Voilà un autre point sur lequel Herbert insiste, en rappelant que cette lignée a un destin maudit. Pourtant la lignée Atréide est surtout marquée par la stupidité de ses héros.

Agamemnon, le premier « Atréide », fait l'idiotie de prendre pour lui, la femme destinée à Achille, un demi-dieu, le guerrier immortel des Grecs. Ce n'est pas vraiment faire preuve de discernement.

Pire, quand Agamemnon rentre chez lui, il amène les concubines gagnées à la guerre. Il doit encore à son idiotie, de se faire assassiner par sa femme légitime, jalouse des frasques de son mari.

L'autre imbécile de la famille est Oreste. Il commet un matricide juste pour venger la mort de son père, qui l'avait un peu mérité.

Les Atréides brillent moins par le tragique de leur destin que par la stupidité de leurs actes.

Si Herbert insiste sur ce nom, c'est une façon de nous détourner de la vraie ascendance de Paul et Léto. Ils sont issus d'une autre famille de la mythologie grecque : Les Labdacides. Une famille, qui, elle, est complètement victime de la fatalité, puisque les Labdacides sont les descendants de Laïos, le père d'Œdipe.

Le père Laïos (dont le nom rappelle Léto), la mère Jocaste (la ressemblance avec le nom « Jessica » n'est pas fortuite), leur fils est Œdipe. Celui de Jessica et Léto, dans le livre, est Paul.

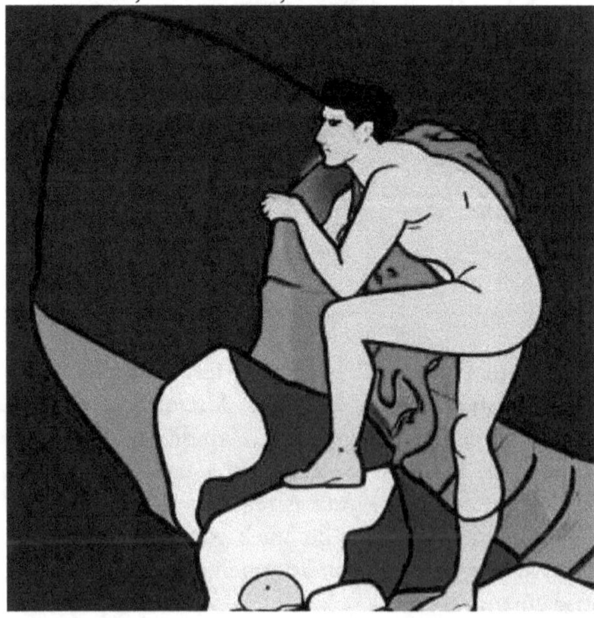

Comme dans l'histoire grecque, c'est Paul Atréide qui a tué son propre père. Ça n'a jamais été Yueh le coupable. Rappelons, comme il est rappelé dans le livre : personne ne brise le conditionnement impérial.

Léto Atréide a toujours voulu une fille. Les Béné Gesserit lui ont promis une fille. Il a eu un garçon. Il n'aime pas ce garçon. Il l'éloigne, il lui fait subir les entraînements physiques les plus durs, sous prétexte de le préparer au métier des armes. Au fur et à mesure qu'il voit ce fils grandir, il regrette de plus en plus de ne pas avoir de fille.

Ce fils, Paul, est parfaitement conscient de l'indifférence de son père. Peut-être même de sa haine. Parmi les tentatives d'assassinat dont il est victime, Paul soupçonne à juste titre que certaines sont dues à son propre père.

Après tout, Gurney, le maître d'armes de son père, tente de tuer Paul, lors de cette passe d'armes dangereuse au début du livre. Qui a pu placer un tueur-chercheur dans la chambre de Paul ? Qui a ordonné à Yueh d'administrer un sédatif à Paul ? L'histoire ne révèle jamais le coupable de cette tentative. Il s'agit de Léto. Le père de Paul.

La seule personne qui a un peu d'affection pour Paul est sa mère Jessica. C'est une belle jeune femme. Elle l'aime plus que tout, car elle suppose qu'il est l'élu, le Kwisatz Haderach. Paul, aime cette femme.

Aussi, quand sa mère lui demande de se soumettre à une nouvelle épreuve imposée par ses sœurs du Béné Gesserit. Paul se soumet.

Dune reprend l'histoire d'Oedipe. Premier indice : l'énigme du Sphinx que subit Paul rappelle celle que subit Œdipe. La question qu'on lui pose sous peine de mort est : « es-tu un homme, ou un animal ? »

C'est la réduction, le miroir, de cette autre question posée à Œdipe à propos d'un étrange animal à deux, trois ou quatre pattes selon le moment de la journée.

Cette question, il la subit sous la menace du Gom Jabbar, et il sait parfaitement qu'il est un animal. Un animal qui désire tuer son père, et épouser sa mère. Mais il fera tout pour passer pour un homme, parce que son secret est bien trop lourd à avouer. Par culpabilité seulement, il vaincra l'énigme du Sphinx (du Gom Jabbar) obtenant ainsi l'amour de sa mère. Car désormais, elle a la preuve que son fils est l'élu.

Conscient de l'affection de sa mère, Paul va pouvoir profiter de l'attaque des Harkonnen pour accomplir sa vengeance. Paul cède l'accès de la base aux Harkonnen. Il tue son père. Juste pour pouvoir s'enfuir avec sa mère.

Les vainqueurs écrivent l'histoire. À la fin du livre, quand Paul deviendra empereur, il sera facile d'inculper Yueh.

Son plan se déroule parfaitement.

Bien entendu, la tragédie ne serait pas complète sans sa suite logique : Jessica accouche de l'enfant de l'inceste avec Paul. Ce sera Alia.

Cette naissance n'est pas expliquée dans Dune. Jessica aurait (après 15-16 ans, âge estimé de Paul au début de la saga) décidé de donner enfin au Duc, son mari, la fille que le Béné Gesserit lui avait promise. Il est plus logique de penser que cette enfant, Alia, a un autre père. Un père qui vient juste d'atteindre la puberté : Le premier fils de Jessica.

Frank Herbert, dans le livre, qualifie Alia « d'Abomination ». C'est une abomination soi-disant parce qu'elle a été exposée à l'épice in utero. Ça n'a pas de sens. On a du mal à admettre que même la secte des Béné Gesserit a dû avoir des cas semblables tout au début de leur existence. Ce qui est certain, c'est que les Fremens, eux, moins rigoureux, ont déjà dû avoir des cas semblables, par simple accident, et parce que leur environnement est saturé d'épices.

Non, si Herbert qualifie Alia d'« Abomination », c'est qu'elle est la fille de l'inceste.

Cela explique aussi qu'Alia soit la seule femme qui ait le pouvoir de prescience. Comme le révèle la suite de la saga, seuls les descendants de Paul ont le pouvoir de voir le futur. Alia est la première fille de Paul.

Les ressemblances avec l'histoire d'Œdipe continuent. Dans la légende, la fille d'Agamemnon et de sa mère Jocaste, se nomme Antigone. Outre la première lettre commune dans son prénom avec Alia, Antigone partage une étrange ressemblance : elle veut enterrer un de ses frères contre la volonté de son oncle. Quand l'oncle apprend la désobéissance, il fait « emmurer vivante » Antigone. C'est la légende d'Antigone.

Alia sera, elle aussi, « emmurée, vivante, dans son propre cerveau »… Ce sont les termes utilisés dans le livre. Qui emmure Alia ? Son oncle : le Baron Harkonnen.

À quelle occasion Harkonnen prend-il le contrôle d'Alia ? : Quand celle-ci songe à tuer (enterrer) son frère Paul (car, à ses yeux, c'est son frère, elle ignore qu'il s'agit aussi de son père),

L'histoire, enfin, finit comme la légende : Paul se crèvera les yeux. (Dans le troisième tome de la saga « le messie de Dune »), comme Œdipe l'avait fait, avant lui, pour expier ses crimes.

Frank Herbert n'a pas laissé le moindre élément de la famille Atride (Agamemnon, Electre, Iphigénie) dans sa saga. Par contre, il a repris le mythe le plus tragique des Grecs et a laissé suffisamment de preuves pour que l'on devine la vraie histoire de Paul et de Jessica.

E.T. L'EXTRA-TERRESTRE (STEVEN SPIELBERG, 1982)

E.T. vient d'une galaxie très, très lointaine

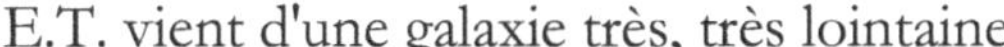

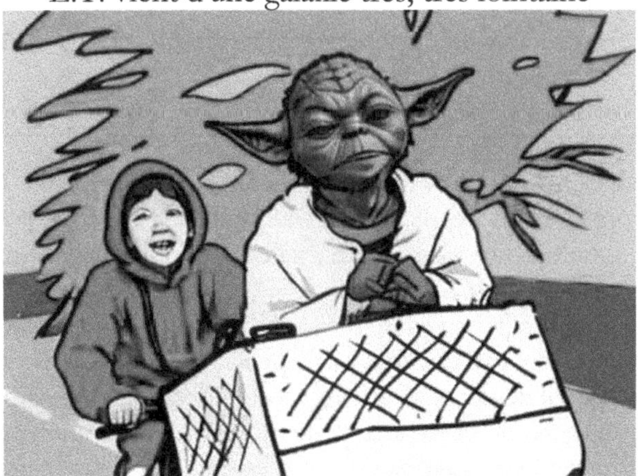

Quand Indiana Jones parcourt le temple égyptien, dans le premier film, on peut apercevoir dans le décor, dessiné en forme de hiéroglyphes, C6PO et R2D2 aux côtés de Yan Solo, juste avant qu'il ne se fasse cryogéniser.

Ce détail nous permet de dater Star Wars : « Il y a longtemps dans une galaxie lointaine » se déroule avant l'époque égyptienne. Puisque l'histoire de C6PO et R2D2 est connue des Égyptiens, qui l'ont gravée sur leur temple pour la commémorer.

Stars Wars se déroule il y a près de trois mille ans.

Dans la salle du conseil présidé par Amidala dans « Star-Wars, la guerre des clones », à l'arrière-plan, nous apercevons des E.Ts. La race extra-terrestre qui apparaîtrait dans le film de Spielberg.

Parallèlement, on voit aussi dans le film « E. T. » de Spielberg, en arrière-plan, un enfant déguisé, pour Halloween. Il porte un masque du Yoda de Star Wars.

On peut considérer ces occurrences comme des clins d'œil d'un réalisateur à l'autre. Des plaisanteries échangées par films interposés. Ou alors, nous pouvons considérer qu'il s'agit d'ourdir une mascarade. Un ensemble de faux-semblants qui cache une sombre vérité. Par nécessité, nous optons pour la seconde hypothèse.

Si la race E. T. apparaît dans Star Wars, et si Yoda est présent dans le film E. T., c'est pour cacher la réalité. E.T. et Yoda sont la même race extra-terrestre.

Les réalisateurs dissimulent qu'il s'agit de la même espèce. Ils filment deux histoires différentes, l'une se passant sur notre Terre, l'autre dans une galaxie lointaine, pour cacher qu'E.T. et Yoda sont la même personne.

Il est inconcevable que Yoda soit le seul membre de sa race. Il y a forcément de nombreux individus de l'espèce de Yoda. Pourtant dans tout Star Wars c'est le seul de son espèce. Il y a des dizaines d'Ewok, des Wookies, plusieurs Mon Calamari, un seul Yoda.

Si Yoda est unique dans Star Wars, ce n'est pas que sa race s'est éteinte. C'est parce qu'il est encore enfant.

Comme les Tricératops ont une forme adulte complètement différente de leur forme pré pubère. Les E.Ts commencent leur vie sous la forme de « Yoda ». Cet enfant E.T. est important à cause de son immense contrôle sur la force. Mais ce n'est qu'un enfant E.T.

Il y a très longtemps (au moins trois mille ans). Yoda, exilé sur Dagoba, n'est encore qu'un enfant. Il joue avec Luke, il lui vole de la nourriture, il ment pour le ridiculiser, il ne sait pas parler correctement. C'est un maître Jedi, mais il est encore au début de sa vie. Il a gardé toute son immaturité, sa naïveté. Le film insiste sur cet aspect de Yoda. Ce n'est pas un vieux maître. C'est un enfant.

Quand Vador, et l'empire sont enfin détruits, Yoda trouve un rôle au sein de l'organisation des Jedis. Au cours de sa longue vie, il vieillit.

Comme tous les E. T., il perd la masse graisseuse de son visage. Ses yeux s'agrandissent dans un visage exsangue et ridé. Ses articulations, ses doigts, même son cou s'allongent hors de proportion. Plus de deux mille ans se sont écoulés, Yoda est un vieillard. E.T. sous une forme adulte. Il part pour une galaxie lointaine, et écrase son vaisseau sur la Terre.

Sur terre, il utilise la Force, la télékinésie, la suggestion. Il fait voler une bicyclette. Il apprend comment vivent les humains. Il découvre le mal.

Chez l'espèce humaine, les parents sont tellement absents, que leurs enfants peuvent dissimuler un Alien chez eux pendant des semaines. Une espèce, dont la télévision montre des horreurs bien pires que tout ce qu'a pu faire l'empire de Palpatine.

Yoda, ce vieil extra-terrestre, qui a beaucoup vécu, découvre ce qu'est réellement le côté obscur. Mais surtout, il est vieux, il va mourir, il est loin de chez lui, et il a peur. Il utilise la Force pour contrôler la vie. Il peut désormais ressusciter des plantes. Il peut se ressusciter lui-même et vivre éternellement. Il est passé du côté obscur. Quand il monte dans le Faucon Millénium, à la fin, c'est pour conquérir sa galaxie.

ELRIC DE MELNIBONÉE (MICHAEL MOORCOCK, 1977)

Stormbringer est une épée bénéfique

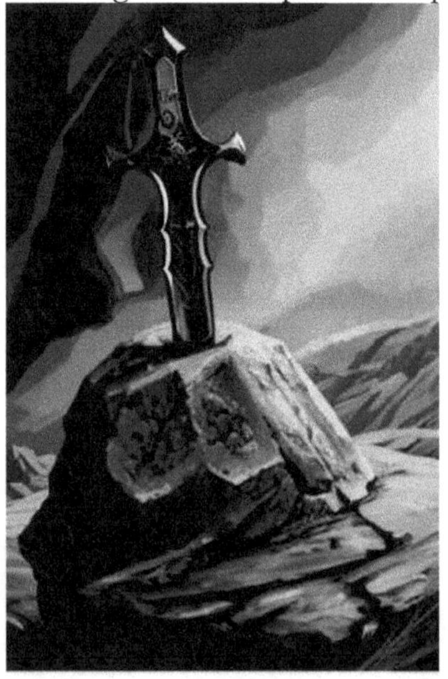

Dans la saga d'Elric de Melnibonée, écrite par Moorcock, l'épée Stormbringer est présentée comme une arme démoniaque, qui pousse son possesseur à tuer ceux qu'il aime. C'est censé être le moteur de la dizaine de romans que compte la saga.

Pourtant, mathématiquement, le nombre réel de personnages nommés, tués par Stormbringer est très faible, pas plus de cinq.

À la fin du dernier roman de la saga, le monde d'Elric a été détruit par un conflit opposant les dieux. L'épée alors prend la forme d'un démon et s'éloigne. Implicitement, le monde d'Elric, les Jeunes Royaumes, une fois détruit est censé être notre monde actuel, la Terre. Pourtant ce n'est que si l'on inverse la causalité, et que l'on admet que les Jeunes Royaumes sont le reflet futur de notre monde, que certains détails prennent alors tout leur sens.

Elric, à l'origine, est le souverain d'une île : Melnibonée. Cette île, comme pour notre Angleterre, est censée avoir conquis l'ensemble du monde par le passé, avant de se refermer dans un protectionnisme culturel et économique complet.

La ressemblance va plus loin : l'île voisine de Melnibonée est la demeure des pires ennemies d'Elric. Ce sont les théocraties fanatiques de « Pan Tang ». Un nom étrange. De plus, c'est la seule théocratie dans tous les Jeunes Royaumes. Dans un monde plein de dieux, et de démons, il n'y a qu'une seule théocratie : Pan Tang.

La sonorité du nom de ce pays ainsi que l'opposition caricaturale qu'il présente avec Melnibonée représentent quelque chose de bien réel : l'opposition des chrétiens d'Irlande (Pan Tang) aux réformés d'Angleterre (Melnibonée).

Cela n'explique pas pourquoi cette épée démoniaque commet, au fond, très peu d'actes démoniaques. Un élément central du récit nous donne l'explication : Elric est défini comme un « champion éternel ». Un individu, qui apparaît à toutes les époques, dans tous les univers sous différents aspects.

Nous connaissons un autre héros qui, lui aussi, se définit, par son épée. Comme Elric a découvert cette arme, qui lui était destinée, dans les Limbes, Arthur Pendragon a trouvé Excalibur fichée dans un rocher. Comme Elric, lui seul peut manier l'épée.

À cause de leurs épées, ces deux hommes ont dû se frotter à l'exercice de la royauté, alors qu'ils n'y étaient pas préparés. Elric est trop faible physiquement pour assumer sa fonction, Arthur, n'est qu'un paysan que la couronne encombre.

Dans le cycle d'Arthur, le monde est finalement détruit par un conflit qui oppose les forces du roi à celles de son chevalier Lancelot et de son cousin Mordred. L'un convoite la femme du roi, l'autre son trône. Une guerre faite par amour pour Guenièvre, la reine qui a préféré un chevalier à son mari. Avant de mourir de ses blessures lors du dernier affrontement du conflit, Arthur jette l'épée qui lui a donné le pouvoir dans un lac.

Cette épée, Excalibur, Elric la trouvera bien plus tard dans les Limbes. À lui aussi, elle accordera le pouvoir. Elric est le champion éternel, comme Arthur avant lui.

Quand il apprend que son cousin Yrkoon a usurpé son trône, il rentre de son voyage, avec son épée magique, pour reconquérir le pouvoir.

Après une guerre violente dans les rues de l'île de Melnibonée, Elric affronte son cousin et le tue. Puis il va « libérer » la femme qu'il aime et qu'il sait « prisonnière ». Quand enfin il la trouve, Stormbringer a son premier acte démoniaque : l'épée tue la femme dont Elric était amoureux.

C'est ce que prétend Elric.

Elric accuse soudain l'épée d'avoir une volonté propre, alors que jusqu'à présent elle n'en a jamais fait montre. Elric accuse l'épée, parce que la femme qu'il aime est la nouvelle incarnation de Guenièvre. Elle n'a jamais aimé Elric. Elle lui préfère son vigoureux cousin : Yrkoon.

C'est pour cela qu'Elric tue cette femme.

Il préfère prétendre qu'il est envoûté par une épée magique, plutôt que de reconnaître que la jalousie seule, une jalousie veille de plusieurs millénaires, une jalousie qui a commencé quand Arthur a déclaré la guerre à Lancelot, pour cette femme, qui le méprise ; que cette jalousie l'a poussé à tuer cette femme !

Stormbringer est une épée magique. Rien de plus. Son porteur, lui, est démoniaque.

ÉPOPÉE DE GILGAMESH (SIN-LEQI-UNNINNI, 2100 AV. J.-C.)

Une tradition orale vieille de plusieurs dizaines de milliers d'années

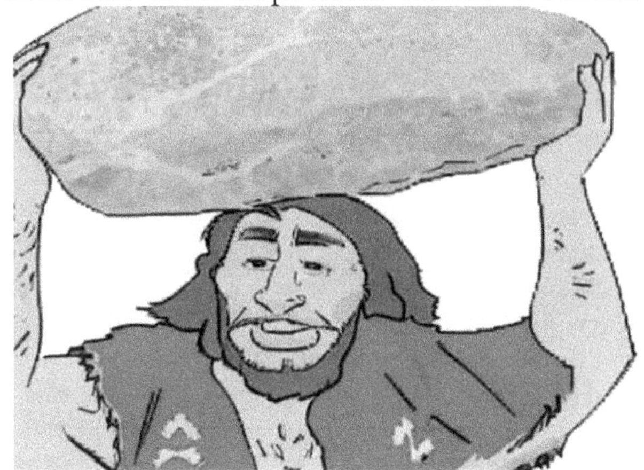

Il n'y a aucun récit célèbre dans l'histoire de l'humanité qui parle d'amitié.

Don Quichotte est plutôt le maître de Sancho Panza, ou l'un est le faire-valoir de l'autre. Achille et Patrocle sont amants. Bouvard et Pecuchet sont les deux faces de la même pièce, presque un seul individu.

L'amitié n'est pas un sujet de roman, même pas une bonne histoire. Au mieux, elle cache un amour secret, au pire, ce n'est que la façon de séparer un seul personnage en deux aspects.

La seule histoire d'amitié réelle est la toute première histoire de tous les temps : l'épopée de Gilgamesh.

Pour résumer la première histoire que l'humanité ait jamais écrite, l'épopée de Gilgamesh est l'histoire de deux amis qui se rencontrent.

Gilgamesh est roi de Sumer. Civilisé, policé et puissant. Pour calmer son orgueil, les dieux créaient un être fruste, indomptable et tout aussi puissant que le roi : Enkidu.

Ce n'est pas un hasard que la première histoire de tous les temps soit la rencontre de deux êtres dissemblables, qui se lieront d'amitié. C'est parce que cela a dû être l'histoire la plus perturbante de l'humanité, une histoire si perturbante qu'elle nous fascine encore alors que nous avons oublié l'avoir déjà vécue : la rencontre d'une autre race intelligente.

Il y a 40 000 ans, les Sapiens ont la peau noire. Ils sont fragiles, leur seule façon de survivre consiste à rester en groupe et à chasser en épuisant leurs proies. Les Sapiens sont des coureurs de fond. Ils n'ont pas de fourrure, ce qui leur permet d'être la seule espèce capable de transpirer. Avec cette qualité, ils deviennent les meilleurs chasseurs de la préhistoire. Ils ont des os légers pour courir plus vite, et ils sont la seule espèce avec une pupille blanche qui permet d'indiquer aux autres chasseurs ce que l'on regarde pendant la chasse, tout en gardant un silence nécessaire.

Un jour, les Sapiens rencontrent une espèce complètement différente. Neandertal vit dans les contrées nordiques. Il a la peau claire pour absorber le soleil, ses muscles et ses os sont épais, il est lourd, il court mal. Les Neandertal vivent en tout petit groupe parce qu'ils sont puissants, forts. Ils digèrent n'importe quel aliment.

La rencontre est si traumatisante que les descendants la racontent pendant des milliers d'années au coin du feu.

C'est pour cela qu'Enkidu est un homme des bois, qui parle aux animaux. Pour les Sapiens au comportement tribal, la petite cellule familiale des Neandertal leur parait un isolement terrible. Surtout que Neandertal avec sa mâchoire puissante peut manger parmi les autres charognards.

Comme Gilgamesh apprivoise Enkidu en lui offrant une femme, les Sapiens ont dû agir de même. Nous en sommes le résultat. Nous avons cinq pour cent d'ADN de Neandertal en nous.

Quand Sapiens et Neandertal décident de vivre ensemble. Les Sapiens tentent d'enseigner leur technique de chasse à la course. C'est exactement la façon dont Gilgamesh tue le monstre Humbaba : il l'épuise à la course. Que fait Enkidu, le guerrier invincible ? Participe-t-il au combat ? Non ! Les Neandertal ne sont pas fabriqués pour courir si longtemps, ils ont trop de fourrure, des os trop lourds.

Enkidu, trop lourd, peut juste encourager son ami à poursuivre le monstre Humbaba, jusqu'à ce que ce dernier s'effondre « vaincu par la tempête », nous dit le texte.

C'est ainsi que Sapiens a toujours tué ses proies : il les poursuit des heures jusqu'à ce que ces dernières ne puissent plus rafraîchir leur corps, et tombent épuisées à bout de souffle. Soufflant comme des tempêtes.

Dans l'histoire, Enkidu meurt. Comme Neandertal a disparu.

La rencontre avec Sapiens a été fatale. Les deux espèces ne se sont pas affrontées jusqu'à l'élimination de Neandertal. Au contraire, elles ont pu se reproduire entre elles. Seulement Neandertal est une espèce solitaire. Cette espèce, trop isolée, n'a pas les défenses immunitaires de Sapiens.

Sapiens vit en troupeau depuis des millénaires. Ses défenses immunitaires le protègent de la promiscuité, et des virus qu'elle engendre. Mais dès que Neandertal attrape ses maladies, tout comme les Indiens d'Amérique, ils se font décimer par la variole, la grippe, la tuberculose…

Gilgamesh est une épopée épique. Le héros affronte des monstres, va en enfer, ramène la plante d'immortalité volée au dieu. Tout cela parce qu'Enkidu est mort.

Enkidu, l'ami de Gilgamesh, l'être qui parle aux bêtes, l'être le plus puissant meurt de la façon la moins épique : il tombe malade, et après une longue agonie s'éteint.

Cela ne s'invente pas, cela n'est pas romanesque : c'est la réalité.

Neandertal est mort tué par les maladies de Sapiens. Partout, tout le temps, jusqu'à sa disparition totale. Ce génocide traumatise Sapiens. Une espèce amie qui s'éteint ! Sapiens a préservé pour nous cette histoire horrible dans l'épopée de Gilgamesh. Cette histoire particulière, nous ne sommes jamais parvenus à la réécrire. Jamais plus nous n'avons eu l'expérience de rencontrer une race intelligente.

L'ÉTRANGER (ALBERT CAMUS, 1942)

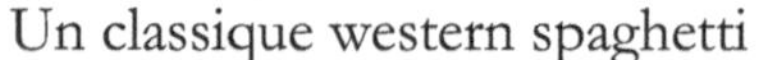

Un classique western spaghetti

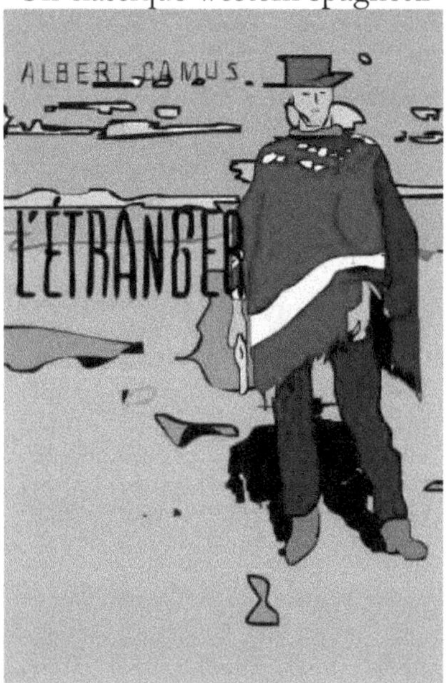

On a coutume de justifier le titre du livre par le fait que Meursault est « étranger » à la vie, au monde qui l'entoure, aux circonstances.

La vérité est plus littérale : Meursault est un étranger dans un pays colonisé.

Plus précisément, un pays chaud, aride. Ici, l'homme est un loup pour l'homme, il n'y a de loi que celle que l'on se forge avec son Colt. Meursault le démontrera.

Ce que Camus a écrit, c'est un western. L'histoire d'un homme seul qui doit survivre dans un monde hostile. Le premier indice apparaît au tout début du livre : Meursault va au cinéma. Car c'est le cinéma, et plus particulièrement les westerns à la mode de cette époque, l'inspiration du livre.

Les scènes s'enchaînent, reprenant toujours les thèmes traditionnels du western. Un cow-boy couche avec une squaw puis l'abandonne. En conséquence de cela, menacé par les Indiens, il doit se réfugier dans un ranch isolé au bord du désert. Cet homme est un personnage secondaire. C'est juste le voisin du héros Meursault, un personnage mesquin, le voisin est un prétexte. Il demande l'aide de Meursault. Parce qu'il sait que Meursault est le revolver le plus rapide de ce côté-ci d'Alger. Parce qu'il sait que seul Meursault peut lui sauver la vie.

Malheureusement, les Indiens retrouvent les cow-boys dans leur maison au bord de la mer. La scène mythique de la rencontre respecte, au détail près, les poncifs de Sergio Leone pour mettre en scène le duel.

Meursault est seul en face de l'Indien — ou de l'Arabe, en-tout-cas de l'occupant légitime du pays dont l'étranger tente la conquête —.

Meursault s'est muni de son Colt. Il avait anticipé la rencontre en empruntant l'arme de son ami. L'Indien dégaine lui aussi un revolver. Camus ne précise à aucun moment que l'Indien ne possède rien d'autre qu'un couteau. Certes, il évoque le soleil se reflétant sur une lame. Cette lame est plutôt le canon d'un pistolet.

Il parle du soleil qui aveugle Meursault, pour signifier que le héros a choisi la mauvaise place, celle en face du soleil. Seuls les meilleurs tireurs peuvent gagner un duel avec le soleil de face.

Meursault est LE meilleur tireur du Maghreb, il abat l'Indien d'une seule balle. Par haine, par racisme, il vide le chargeur sur cet Indien, qui empêche la conquête complète de ce coin du monde. Une contrée que l'Occident veut conquérir.

La seconde partie du livre illustre comment le Shérif met fin aux agissements de Meursault. Ce héros solitaire est devenu trop incontrôlable, dans une Algérie, qui tente une dernière fois de trouver une solution pacifique à la conquête de l'Ouest.

Le procès sera expédié. Cela souligne le changement des mentalités : l'État ne peut plus soutenir les héros individualistes, la colonisation se fera désormais par l'administration et l'assimilation.

Meursault est condamné à être pendu haut et cours… Ou autre chose de désagréable passera sur son cou.

On peut se demander, plus précisément, de quel cow-boy célèbre Camus a conté l'histoire. La réponse, une fois encore, est donnée par l'auteur ou début du livre. Si la mère de Meursault est morte, c'est pour attribuer une qualité précise à Meursault : il est encore un enfant. Le fils de sa mère. Cet enfant, doué avec les armes à feu, c'est « Billy the Kid ». Le pistolero, voleur de chevaux et raciste, qui disait de lui-même : « J'ai tué 23 hommes, sans compter les étrangers »

EX MACHINA (ALEX GARLAND, 2014)

Un conte merveilleux

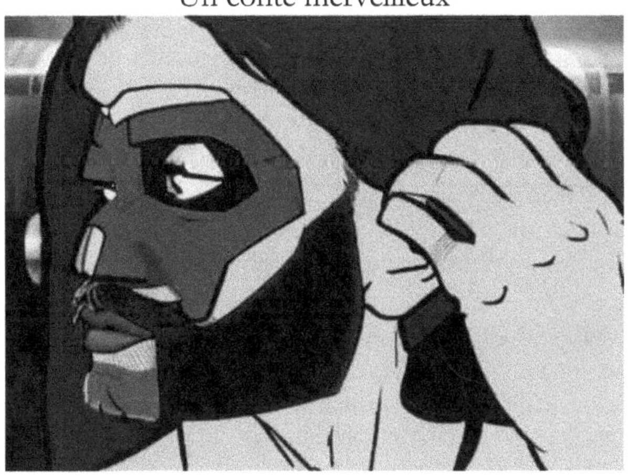

Le film « Ex-machina » prétend être la réécriture du vieux mythe français de Barbe bleue. Il ne laisse aucune ambiguïté à ce sujet. L'inventeur est caractérisé par une barbe fournie. Détail rare chez les personnages créés par Hollywood, qui préfèrent des acteurs imberbes, ou peu barbus.

Le nom de la société qui l'a rendu riche est « Bluebook ». C'est bien entendu un clin d'œil à Facebook. C'est aussi bleu parce que les compagnies technologiques utilisent le même bleu dans leur logo (Twitter, Microsoft, Facebook, et c'est même la seule couleur répétée chez Google).

Mais c'est surtout bleu, parce que le film raconte l'histoire de Barbe Bleue :

Un riche homme demande à son épouse de ne pas ouvrir une salle du château. Quand elle ouvre cette pièce, elle découvre les cadavres des femmes précédentes de l'homme. Comme Caleb découvre les premières versions du robot.

L'histoire est fantastique. Dans le sens qu'elle ne prétend pas à la véracité du propos, mais à enseigner une morale, faire passer un message. Tout comme le conte de Barbe Bleue veut montrer que la curiosité est un vilain défaut. Dès le début, le film postule le fantastique de son propos par la première ligne parlée:

L'empire de Nathan s'étend déjà sur une surface correspondant à deux heures de vol. Dit le pilote.

C'est impossible.

Un hélicoptère vole facilement à 200 km/h. En deux heures, cela fait quatre cents kilomètres. Si l'on considère que l'hélicoptère atteint le centre de la propriété par la route la plus courte, on doit admettre que la propriété s'étend encore sur au moins quatre cents kilomètres de chacun des autres côtés. Cela fait un terrain de plus de huit cents kilomètres par huit cents. Grand comme la France, sous une latitude tempérée propre à l'agriculture avec des réserves d'eau. Un particulier, aussi riche soit-il, ne peut posséder un terrain de la surface d'un pays.

Tout cela n'est pas réel, nous prévient le film par cette première phrase. Ceci est un conte improbable qui reprend les éléments du conte de Barbe Bleue.

Mais l'enseignement, ici, est différent.

Parce que, justement, Nathan représente trop parfaitement Barbe Bleue. Il faut admettre qu'il s'agit d'une diversion.

Comme cette autre diversion : Nathan, au début, déchire un dessin afin de détourner l'attention de Caleb des caméras.

Nathan est une diversion, pour dissimuler le vrai Barbe Bleue du film : la muette Kyoko.

D'abord bien évidemment parce que c'est elle la meurtrière. Comme Barbe Bleue est le tueur dans le conte.

C'est pour cela qu'on la voit danser en parfaite synchronisation avec Nathan, pour montrer visuellement l'identité des deux personnages. C'est pour cela que Nathan, à la fin du film, frappe Kyoko à la mâchoire, et lui ôte la moitié basse du visage : pour lui enlever la Barbe Bleue invisible, pour éliminer le monstre en elle.

Surtout, c'est Kyoko, aussi, qui a tué les femmes précédentes en héritant de leur mémoire comme l'explique le constructeur.

Kyoko est Barbe Bleue. Elle est tuée par Nathan (la Barbe Bleue officielle) ; Nathan lui arrache sa mâchoire (l'endroit où se situe la barbe symbolique de

Kyoto). La morale du conte devient limpide, simple et optimiste : le danger n'est pas les robots. Ni les IA, les moteurs de recherche intrusifs, et les opérateurs de téléphone qui capturent nos images à notre insu.

Le danger, c'est notre part d'ombre. Notre monstre intérieur, notre Barbe Bleue qui causera fatalement notre perte parce que nous avons préféré garder cette part de nous à nos côtés. Comme Nathan garde Kyoto près de lui, par plaisir, par facilité. C'est notre goût pour la facilité, l'automatisation des tâches, le réel danger.

EXAM (STUART HAZELDINE, 2009)
La planification d'un génocide

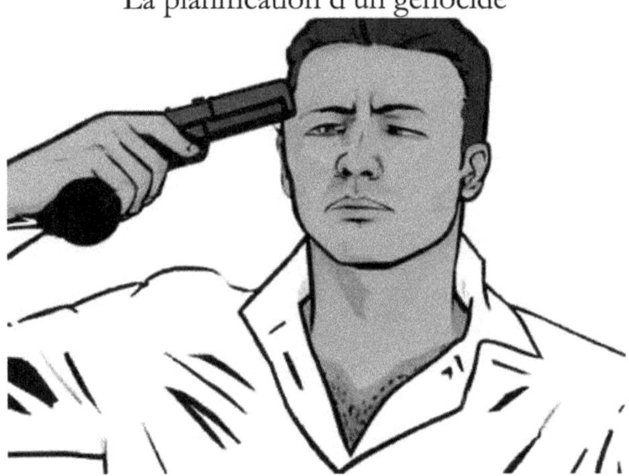

Les prémices du film Exam ressemblent beaucoup à ceux de Cube (le film de Natali datant de 1997).

Huit candidats sont enfermés dans une salle d'examen. Ils sont tous là afin d'obtenir un poste à responsabilité dans une organisation très, très prestigieuse. Comme dans Cube, chaque candidat représente un archétype.

Comme dans Cube, il y a un autiste. Il y a un ancien militaire, il y a aussi un représentant de chaque « race ». Une Asiatique, un Noir, un Indien, une blonde, une brune, une Américaine du Sud, et un Nord-Américain.

Les personnages durant l'examen se rendent compte de cette diversité et ils en déduisent qu'elle a un sens.

Le sujet du film se résume ainsi : les candidats ont une question à laquelle ils doivent répondre en moins de deux heures. Le souci : Ils ignorent la question.

Donc ils entreprennent de découvrir quelle est la question.

Comme dans Cube, les personnages essayent de travailler ensemble, avant de se retourner les uns contre les autres. Monsieur Blanc, l'archétype de l'Occidental, est le premier à proposer une solution à lui : être le dernier présent dans la salle d'Exam. Il fait donc éliminer les autres candidats, en utilisant les règles données par l'examinateur au début du film.

Pourtant la ressemblance avec Cube s'arrête là.

On apprend réellement à quoi sert l'Exam. On apprend que la terre subit un virus mortel. L'organisation, qui propose l'examen, a découvert un antidote à ce virus.

Le propos de l'Exam est résolu à la fin : il fallait bien découvrir la question cachée (en utilisant certains éléments du décor), et répondre sans causer de tort aux autres candidats.

Le « vainqueur », Madame Blonde, sera chargé de distribuer la nouvelle drogue de l'organisation, une drogue qui accorde l'immortalité aux humains.

Pourtant si contrairement à Cube toutes les questions trouvent une réponse à la fin, il y a une question, posée au début, qui reste sans réponse : pourquoi avoir choisi des candidats appartenant à chaque groupe ethnique ?

L'Autiste est le patron de l'organisation. Il s'élimine lui-même rapidement, il n'était là qu'en observateur.

À la fin, l'autiste révèle qu'il cherche à recruter la personne responsable de la distribution de la drogue d'immortalité. Il prétend cela ! Mais cela ne justifie pas d'avoir placé un membre de chaque ethnie dans la salle d'examen.

Parce que le vrai but de l'autiste est plus sinistre. C'est un scientifique fou. Il laisse les candidats se torturer entre eux, et même s'entre-tuer (certes, il sait que la drogue qu'il a inventée peut les ramener à la vie, mais la douleur reste la même).

Ce scientifique, qui a découvert le secret de l'immortalité, ne veut pas du tout le distribuer en se basant sur l'empathie, et le talent d'observation d'un candidat (contrairement à ce qu'il prétend).

Non. Ce scientifique autiste résout son problème de façon scientifique : il place un membre de chaque ethnie dans la salle d'examen. Parce qu'il croit ainsi créer un test scientifique. Il croit pouvoir en une seule épreuve déterminer quelle « espèce » mérite le plus sa drogue d'immortalité. À la fin, il choisit la blonde.

C'est donc, selon son esprit dérangé, le modèle d'humanité qui mérite de survivre. Ainsi, il va laisser les Noirs, les Indiens, les brunes, les Asiatiques mourir. Il ne sauvera que les blondes. Il n'est pas autiste, il est fou.

FICTIONS (JORGE LUIS BORGES, 1944)

« Tlon, Uqbar, Orbis Tertius » est un projet volontaire de Borges

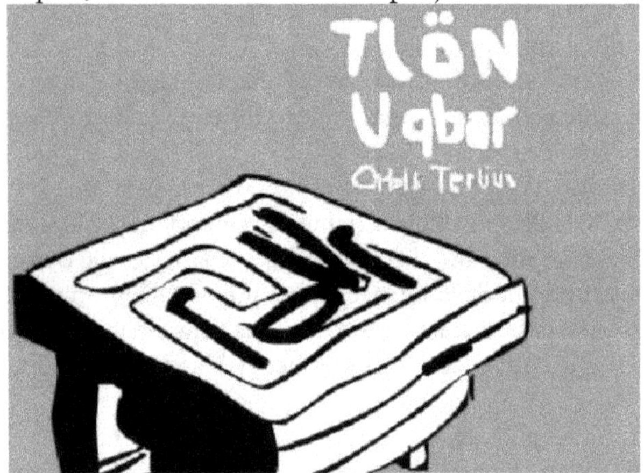

Il est étonnant que Jorges Luis Borges ait intitulé « Fictions » le recueil qui contient la célèbre nouvelle « Tlon, Uqbar, Orbis Tertius ». La seconde surprise est le titre ésotérique de cette nouvelle particulière. Nous allons voir que ces deux dénominations, le nom du recueil, et le titre de la nouvelle sont cohérents et étrangement liés.

Pourquoi appeler un recueil « Fictions » ? Ce serait comme intituler un roman « Roman ». Depuis le Roman de Renard au XIIe siècle, plus personne n'a éprouvé le besoin de spécifier une telle évidence.

Mais le titre même de « Fictions » nuit à l'ouvrage de Borges, puisque, le rôle de la fiction, c'est justement de donner l'illusion de la vérité. Pour cette raison, de nombreuses fictions se présentent comme des témoignages.

Prévenir que le lecteur va lire est une « fiction », voilà qui annule l'effet même du contenu du livre.

C'est d'autant plus étrange que ce recueil de Borges contient de nombreux récits d'autofiction (avant que le terme ne soit inventé). Ce sont des fictions mettant en scène Borges, leur auteur, comme s'il avait vécu ce qu'il raconte.

Borges a-t-il eu l'intention de nous révéler la vérité ?

« Tlon, Uqbar, Orbis Tertius » raconte l'histoire de la découverte par Borges (l'auteur donc) d'une encyclopédie, qui n'existe qu'à un seul exemplaire.

Borges a-t-il écrit cela parce que ça lui est réellement arrivé ? Puis, pris en quelque sorte de peur, a-t-il intitulé le recueil « fictions » pour nous tromper, et nous rappeler que tout est faux dans ce recueil ?

Non. La nouvelle, ainsi que toutes celles qui forment ce recueil sont incroyables !

Personne, même sans ce titre « fictions » nous mettant en garde, n'ira prendre ces histoires pour des témoignages vrais.

Parmi les histoires, nous trouvons un livre qui génère des objets qui n'existent pas sur notre planète ; un homme est tellement marquant que nous pouvons percevoir son influence sur chaque homme qu'il a croisé un jour ; un écrivain décide de réécrire Don Quichotte, mot pour mot, sans rien y changer, comme s'il produisait une œuvre d'art.

Tout cela est très fantastique. Des fictions !

Borges nomme son recueil fiction parce qu'il veut nous persuader que tout est faux. Pourquoi cette insistance ? Parce qu'il y a beaucoup de vrais dans ce récit.

Le propos de Tlon, Uqbar, Orbis Tertius est simple : un mégalomane américain commissionne des savants, artistes, géographes, etc., pour créer l'encyclopédie en 20 volumes d'un pays illusoire, inventé pour l'encyclopédie : Uqbar.

Parmi les informations relatives à la vie sur ce pays, l'encyclopédie précise que Tlon est un monde imaginaire pour les habitants d'Uqbar. Mais que ce monde intervient dans le leur, en y générant des objets parfaits nés de l'espoir des Uqbariens.

À la fin de la nouvelle, le mégalomane américain a terminé l'encyclopédie du monde imaginaire de Tlon. Notre monde découvre Uqbar. Notre Terre se passionne pour la vie ordonnée et précise d'Uqbar. Alors Tlon s'insinue aussi dans notre monde, et nous devenons Tlon.

Borges relate la première influence d'Uqbar sur le monde. Il dit qu'une comtesse trouva lors d'un déménagement une petite boussole portant l'alphabet unique de Tlon pour indiquer un nord différent. Cette trouvaille est précise. La seconde fut faite en présence de Borges. Dans un bar, un alcoolique est retrouvé mort au matin par Borges. Dans les poches du cadavre, Borges trouve un petit cône d'une matière bien plus lourde que tout ce qui existe sur terre. C'est un artefact d'Uqbar, conclut-il.

On constate pour ces deux premières apparitions du monde fictif d'Uqbar dans la réalité, Borges est présent.

Quand deux événements exceptionnels sont observés par une seule personne, alors on peut douter. Il est plus juste, statistiquement, de supposer que ce témoin a un rôle, qu'il a provoqué, lui-même, ces deux événements étranges.

Dans le cas de Borges, il a sans doute placé la boussole chez une comtesse de ses amies, puis le cône lourd dans les poches de l'alcoolique. Du moins, c'est la conclusion que le lecteur de la nouvelle est amené à se faire.

Il est plus logique, pour nous, d'imaginer que Borges a placé ces deux objets ; plutôt que de croire à l'existence d'un objet créé à partir d'une encyclopédie fictive… et par deux fois, en présence de Borges.

S'il a placé ces artefacts étranges sur la Terre, c'est parce que Borges aussi participe au projet de l'Américain. La nouvelle (écrite par Borges) est une tentative d'engendrer Tlon, et ses artefacts parfaits dans notre monde.

Le titre étrange en est la preuve. Le troisième terme de ce titre : « Orbis Tertius » n'apparaît qu'une fois dans la nouvelle. Mettre ce terme dans le titre ne sert qu'un seul propos : finir l'acrostiche du titre : T.U.O.T. qui a l'envers signifie « TOUT » parce que la nouvelle entend bien « Tout » créer à partir de rien. Presque rien : L'histoire d'un monde qui n'existe pas.

FRIENDS (NBC, 1994-2004)
Joey est en fait le chien de Chandler

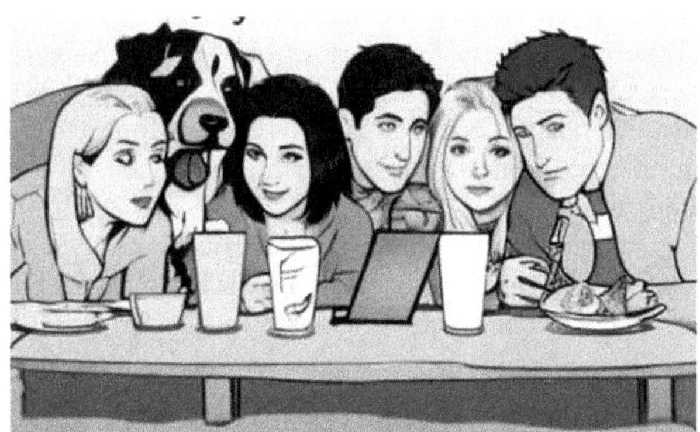

Dans la série Friends, le personnage de Joey pose un problème important : il n'est absolument pas crédible. Encore moins que tous les autres, moins que Phœbe.

Joey est présenté comme étant, à la fois d'une stupidité incommensurable. Certains épisodes sont construits autour du fait qu'il ne sait même pas compter ou qu'il ne connaît aucun État des États-Unis.

Des personnages idiots, cela a toujours existé dans les sitcoms. Ce qui diffère Joey des autres, c'est son succès. De tous les personnages de la Série, Joey est le seul qui acquiert un succès social incomparable. Non seulement auprès des femmes, mais aussi dans son travail d'acteur. Il joue le rôle principal dans une sitcom réputée.

Tout cela s'explique si l'on considère que Joey n'est que le chien de Chandler à qui les réalisateurs ont donné une apparence humaine, pour souligner l'importance du rôle. C'est pour cela que, la statue du chien blanc, le lévrier grandeur nature, est si important dans la série.

Une fois que l'on admet que Joey est un chien, beaucoup de choses étranges dans la série trouvent une justification. Ainsi Joey est prêt, comme n'importe quel chien, à manger n'importe quoi. Même le plat de Rachel fait de chantilly mélangé à de la viande. Joey se régale et finit l'assiette des autres.

Joey ne s'énerve jamais, il pardonne à tous, quoi qu'on lui fasse. Pourtant il y a une seule chose dans toute la série qu'il ne peut pas supporter. Ce personnage tolérant et calme devient même violent quand on prend de la nourriture dans son assiette… sa gamelle.

Joey est une star de la télévision. Pourtant il ne semble pas plus à l'aise financièrement que les autres Friends. C'est bien entendu parce que c'est Chandler qui touche l'argent pour son chien. C'est aussi la raison pour laquelle personne ne connaît le métier de Chandler. Il consiste simplement à placer Joey dans diverses publicités et séries télévisées. Pour cela, même quand Chandler perd son travail au début de la série il n'a jamais de vrai problème d'argent. Les contrats du chien Joey lui en procurent.

Accessoirement, comme le rôle principal de Joey à la télévision est celui d'un médecin, nous spéculons que ce chien est un Saint-Bernard. Chien réputé pour l'aide médicale qu'il procure en cas d'avalanche.

Joey n'est jamais seul. Les amis ne peuvent pas le laisser sans surveillance. C'est pour cela que quand Chandler part vivre avec Monica — rappelons-le, ce n'est pas innocent, Monica a une peur panique des chiens — il doit laisser Joey à une dog-sitteuse.

D'ailleurs, à chaque occurrence où Joey se trouve avec une jeune femme, ce n'est pas une aventure amoureuse, mais juste la femme à qui l'on a confié le chien à garder, pendant que Chandler et les autres étaient occupés.

Finalement, Joey vivra un moment avec Rachel. Pour d'évidentes raisons morales, il ne peut rien se passer d'amoureux entre eux. Il ne se passe en effet rien de romantique dans la série.

Quand les filles décident d'un mari, si elles ne sont pas mariées à 40 ans, elles choisissent bien évidemment Joey. Ce n'est pas une sorte de sordide contrat d'échange. Personne ne souscrirait à un tel contrat. Les filles expriment ainsi simplement l'idée que, sans mari, elles finiront alors seules avec un chien.

L'affection que provoque naturellement Joey est légitime puisque c'est un bon gros chien. De nombreux épisodes voient le personnage en relation avec de l'urine. Soit qu'il calme, par ce moyen, la douleur d'une piqûre de méduse sur la jambe de Rachel ; soit qu'il évince un concurrent en lui trempant son pantalon. Ce genre de scènes ne peut prendre sens que si nous reconnaissons celui qui les commet : un canidé.

C'est pour cela que la série s'appelle « Friends ». Pas parce que c'est l'histoire de six amis — à tout prendre, ils se font plus de crasses que de biens —, mais parce que c'est l'histoire du meilleur ami de l'homme. Joey est le Saint-bernard de Chandler.

Les deux dernières saisons de l'émission sont dramatiques, parce qu'elles illustrent comment Chandler doit se séparer de son animal de compagnie pour vivre avec Monica. Elle n'aime pas les chiens, la série insiste là-dessus. La fin de Friends est l'histoire d'un homme qui abandonne son chien pour vivre avec la femme qu'il aime. Pas étonnant que l'on pleure tant.

FUTURAMA (COMEDY CENTRAL, 1999-2003)

Futurama reprend les codes de l'Odyssée

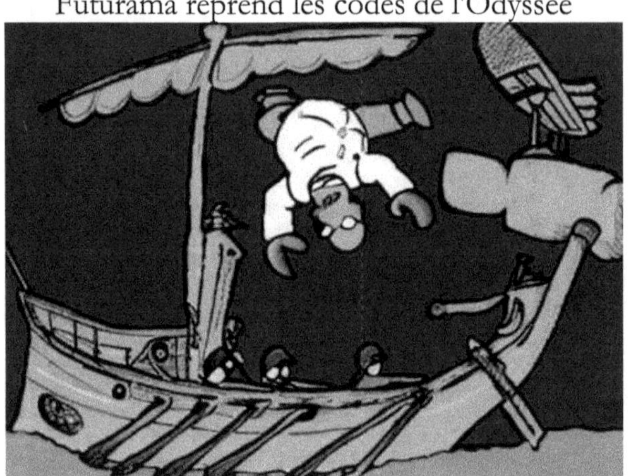

Il y a quelque chose de surprenant, dans l'équipe que compose Fry, Leela, Zoidberg, le professeur et le comptable Hermès Conrad. Ces personnages sont anormaux physiquement ou mentalement. Ils sont étranges même en comparaison du reste des habitants de l'univers déjanté de Futurama.

Fry est perdu pour son époque. L'histoire joue régulièrement avec l'idée d'un retour chez lui. Fry est Ulysse, loin de chez lui, perdu.

Leela est sans doute la preuve la plus évidente de l'importance de l'histoire de l'Odyssée dans Futurama. Leela ne possède qu'un seul œil au milieu du front. C'est un cyclope. Un cyclope femelle. C'est une clef essentielle : comme elle, tous les personnages de la série sont tirés de l'Odyssée, et tout comme elle, ils ont été transformés. Les particularismes ont été inversés pour mieux masquer le thème sous-jacent. Bien entendu pour reprendre l'histoire de l'Odyssée, un cyclope est nécessaire. Mais, pour nous dérouter, c'est une femelle. C'est aussi la raison pour laquelle le subtil Ulysse a été transformé en un Fry un peu benêt.

Hermès Conrad, le tranquille Jamaïcain est bien entendu une représentation des mangeurs de Lotus : les indolents Lotophages, qui par leur drogue empêchèrent Ulysse de continuer son voyage.

De la même façon, le professeur est un double convaincant de Circé la magicienne. Toujours par souci d'inversion, la jeune femme séductrice de l'Odyssée a été transformée en un vieux monsieur grincheux. Si la magicienne a été changée en un scientifique, c'est parce que la magie et la science sont toujours antagonistes. Comme Circé, le professeur Farnsworth retient Fry dans le présent. Ce sont ses innovations technologiques et les missions à répétition dans lesquelles il envoie Fry qui empêche ce dernier de rentrer chez lui. Son autoritarisme et son inventivité ont le même effet que les sorts de la magicienne.

Plus significatif encore : la femme à queue de poisson légendaire, la sirène a été remplacée par un homme à tête de crustacé. Zoidberg avec sa voix insupportable, et sa volonté d'aider tout le monde contre leur volonté est le miroir des sirènes à la voix merveilleuses qui tentent de détruire les voyageurs.

Il reste un personnage problématique. Bender. Si l'on suit la transformation appliquée pour les autres personnages, il faut trouver une créature de chair, dotée d'une profonde gentillesse. Il n'y a aucun monstre ni personnage comme cela dans l'Odyssée d'Homère.

Comme les créateurs de Futurama se sont attachés à tracer un parallèle exact avec l'Odyssée d'Homère, nous ne pouvons croire que Bender a échappé à ce traitement qui concerne les autres personnages. La conclusion logique : si Bender ne représente aucun des obstacles de l'Odyssée, c'est que c'est lui, en fait, qui est Ulysse.

Tout prend alors tout son sens. Bender n'éprouve que de l'animosité pour le reste de l'équipe. Parce que cette équipe représente les sirènes, les Lotophages, Circé. Ce sont tous des obstacles qu'Ulysse doit surmonter. Il n'a aucune affection pour eux. Bender sans aucun doute est le personnage le plus rusé de l'équipe. Rappelons que pour les Grecs, Ulysse n'est pas un héros. C'est juste un personnage qui utilise la ruse, plus qu'il ne fait preuve de courage. Les Grecs de l'antiquité ne considéraient pas la ruse comme une vertu. On ne doit éprouver aucune sympathie pour Ulysse, de même que l'on n'en éprouve aucune pour Bender

comme dans l'antiquité, c'est pourtant Bender que tout le monde préfère. Parce que, quoi que nous prétendions, il y a toujours quelque chose de séduisant dans l'intelligence, même, surtout, quand elle est diabolique.

GATTACA (ANDREW NICCOL ,1997)
Où vont les fusées de Gattaca ?

Dans le film Gattaca, les noms ont une signification particulière.

Ainsi, Eugène, l'homme parfait auquel le héros prend les fragments d'ADN, est celui qui a

les « gènes ». Vincent (qui se prononce en anglais « win-sans ») est celui qui « gagne sans » (sous-entendu : sans les gènes).

Ce sont des noms étranges, européens, parce que leur sonorité, et leur implication dans l'histoire sont importantes. Pourtant, le nom le plus étrange est celui de l'organisme spatial !

Pourquoi un organisme spatial prendrait-il un nom composé des éléments de la double hélice d'ADN ? C'est comme si la NASA décidait de prendre un nom basé sur les écoles prestigieuses, où elle recrute ses membres.

Quitte à choisir un nom fondé sur les éléments d'ADN, pourquoi choisir un nom aussi long ? Pourquoi ne pas prendre simplement les 4 bases GATC ? Si l'agence souhaite composer un mot pourquoi Gattaca ? GATAC (qui évoque l'attaque), ou AGACT (qui peut se prononcer comme « A gate », signifiant « la porte », sous-entendu « vers les étoiles »), ou n'importe quelle autre combinaison ?

Gattaca est une agence spatiale. Rien de plus. Son nom pourtant n'évoque aucune conquête spatiale. Si nous nous rappelons qu'en Anglais le « A » se prononce souvent « é ». Alors, Gattaca peut se prononcer comme « Get a Key ». Trouve la clef.

La clef, c'est que Gattaca n'est pas une agence spatiale.

La mission sur Titan est mal préparée, il suffit d'envoyer une simple sonde pour déterminer ce qui se cache sous la couche de nuages. Vincent illustre ce fait en soufflant la fumée de sa cigarette sur son verre de vin.

En partant pour Titan, Vincent promet de revenir un an plus tard. Pourtant, aucun voyageur n'est revenu de son voyage spatial. Vincent, passionné par l'espace, devrait avoir à cœur de rencontrer et d'interroger une de ses idoles cosmonautes, pour savoir ce qui se passe là-haut. Il ne le fait pas.

Gattaca veille avec passion à s'assurer la valeur génétique de ses employés. Si la prise de sang pour entrer peut s'assimiler à un simple contrôle d'identité, remplaçant un contrôle de carte, le reste des contrôles est superflu.

Pourquoi vérifier l'état génétique des employés dans leurs exercices physiques ?

Le responsable de l'agence prétend qu'il s'agit de s'assurer que chacun des membres atteint son potentiel. Mais alors, pourquoi imposer aux hommes qu'elle envoie dans l'espace, de fréquents contrôles d'urine ? Aucun potentiel ne peut changer d'un contrôle d'urine au suivant.

Gattaca sélectionne les meilleurs éléments de l'espèce humaine. Elle les envoie avec régularité sur d'autres planètes. Aucun de ces hommes ne revient.

Gattaca a une mission eugénique. Elle est claire dans son nom et dans son obsession de contrôle génétique. Il faut s'assurer d'envoyer l'élite dans les fusées. Ne pas faire d'erreur en envoyant un homme normal.

Il y a deux possibilités à la réelle fonction de l'agence. Soit, elle traque les meilleurs humains pour créer une société d'hommes « parfaits » sur d'autres planètes. Ou bien (et c'est sans doute sa véritable fonction) l'agence envoie les astronautes à une mort certaine.

Après tout, si vous aviez le moyen de sélectionner tous les êtres supérieurs à vous, votre première réaction serait sans doute de les envoyer mourir au loin.

C'est pour cette raison qu'à la fin du film, le plan cinématographique du suicide d'Eugène est montré en parallèle au plan où Vincent part dans la fusée. Les flammes du réacteur de la fusée reflètent les flammes de la chambre de crémation.

Vincent part mourir. Le film ne cache absolument pas que les astronautes partent mourir. Ils n'ont pas de scaphandres, et Vincent nous le dit dans la scène d'épreuve de natation jusqu'à la bouée, contre son frère : il ne garde aucune ressource pour le trajet retour. Car dans le film, dans ces voyages interstellaires tant vantés, il n'y a jamais de trajet retour.

HARRY POTTER (J.K. ROWLING, 1997-2007)

Un mythe vieux comme l'humanité

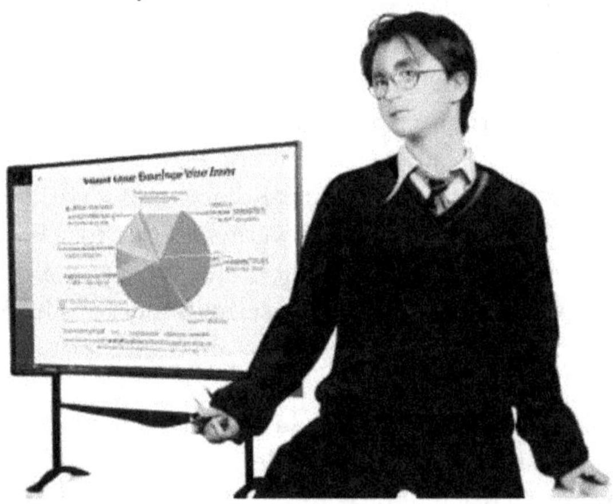

Il y a quelques dizaines de milliers d'années, l'homme est passé de chasseur-cueilleur à agriculteur. Le changement a été si traumatisant qu'on en retrouve la trace dans les premiers mythes de l'humanité. Le plus connu est le mythe d'Abel et Caïn. Le plus récent est celui d'Harry Potter et Dudley Dursley.

Abel est berger. Il représente la vie nomade, sans attaches, sans possessions, vie saine et glorifiée par Dieu, dont il est le préféré. Caïn est un agriculteur.

Avec l'agriculture, l'humanité a pu se développer à une vitesse jamais égalée par le passé. Seulement, cet aspect positif nous le constatons après coup. À l'époque, l'agriculture apporte des modifications drastiques du mode de vie de ceux qui la pratiquent. L'agriculture provoque des maladies contagieuses. Ce n'est pas la conséquence directe, mais c'est ainsi que les premiers sédentaires ont dû la ressentir. L'agriculture entraîne la sédentarité, et la promiscuité. Les végétaux attirent les rongeurs. Dans un monde sans hygiène, avec la promiscuité les facteurs d'infections plus nombreux deviennent la cause des premières grandes épidémies. L'agriculture est responsable de tout cela.

Peut-être encore plus traumatisant, l'agriculture fait de l'idée de propriété le concept central du nouveau mode de vie. Avec la propriété, et le nationalisme, commencent les premiers conflits violents : appropriations, guerres, vols, rapines…

Pour ces raisons, la légende veut que Caïn soit méprisé par Dieu, qui considère son mode de vie contre nature. Pour cette raison, Caïn tue Abel par jalousie. C'est en accord avec ce nouveau mode de vie agricole, qui provoque une violence inconnue jusqu'alors. La jalousie ! Un sentiment tout nouveau dans ce récent système dans lequel posséder de la terre vous met au-dessus de votre voisin.

Harry Potter ne tue pas Dudley. Pourtant, il ne cache pas — au début de la série — que l'idée le tente. Harry Potter ne tue pas son frère, parce que tout le récit est une propagande destinée à revaloriser l'agriculteur par rapport au nomade.

Dudley est plein d'énergie. Il est toujours dehors, il est actif, il se dépense. Des qualités bien plus louables que de rester sous l'escalier à lire des livres. Mais l'auteur veut que nous méprisions ce personnage. J.K. Rowling utilise les moqueries les plus basses pour dévaloriser Dudley par rapport à son héros. Il n'est pas de quolibet plus bas, ni plus méprisable que de définir Dudley par son embonpoint. C'est bas, mais surtout c'est illogique. Si Dudley est hyperactif, il ne peut pas être gras en même temps. C'est une manipulation.

Dudley représente la vie simple et nomade des premiers hommes. Mais, au lieu d'une vision objective de ce mode de vie, Rowling lui donne tous les défauts que l'on attribue habituellement à la sédentarité des agriculteurs. Parce que le livre cherche à inverser le mythe d'Abel et Caïn.

Ainsi, Harry Potter, rachitique, avec ses petites lunettes, représente la sédentarité, la vie agricole, l'accumulation de richesse.

Cette sédentarité — sous l'escalier — apparaît comme une contrainte imposée par l'extérieur. C'est faux. La sédentarité est une conséquence obligatoire de la vie agricole. Parce que la vie agricole n'est pas séduisante. Parce que tout le monde préfère être un Dudley qui court dans le jardin, plein d'énergie, pour chasser sa pitance, plutôt que de rester sur place à retourner la terre.

Pour que la propagande marche, il faut que les côtés négatifs inhérents au statut de propriétaire terrien, accumulateur de richesse, soient forcés. Harry doit rester sur place sous l'escalier, parce que les Dursley l'y ont enfermé. Ce n'est pas lui qui refuse de sortir, prétend la propagande.

Malgré ses lunettes de comptable, sa sédentarité, et son manque de force physique, pour revaloriser l'agriculteur Harry, on lui attribue une vie exaltante de magicien.

C'est une illusion. Harry n'est pas magicien. Il sait juste créer de la richesse en retournant la terre. Harry s'appelle Potter (« potier »), car les poteries ont toujours été utilisées pour stocker le grain — dans les fouilles archéologiques, elles sont toujours la preuve d'une vie agricole intense —.

Dieu a marqué Caïn au front. Tous doivent le reconnaître et le fuir — reconnaître qu'il est sans doute porteur de maladie infectieuse due à son mode de vie —. La cicatrice de Caïn est la trace visible de la lèpre ou de la vérole, maladies qui sont apparues avec les premières installations sédentaires.

Harry porte une cicatrice. Mais ce n'est plus Dieu qui a marqué Caïn au front. Harry est marqué par un individu maléfique cette fois. Parce que l'agriculture et la richesse qui en découlent sont des valeurs positives, et ne doivent plus être perçues comme le signe de la maladie, et de l'égoïsme.

Pour confirmer la parabole, Harry a pour meilleure amie Hermione Granger. Parce qu'une « Grange » est le lieu idéal, où un « potier » peut stocker son grain. Harry est l'attrapeur désigné de vif-or. Parce que l'or et la richesse sont la raison d'être du citadin sédentarisé. Toute la série est construite selon ce modèle.

Nous avions besoin d'un mythe, qui souligne que notre mode de vie capitaliste, d'accumulation, de sédentarité et de richesse n'est pas une tare, dont nous devons avoir honte. Le récit fonctionne parce que nous avions tous envie d'entendre qu'être un comptable qui cherche l'or-vif, est une vie merveilleuse, pleine d'aventure imaginaire. Nous avions envie de l'entendre.

HOW I MET YOUR MOTHER (CBS, 2005-2014)

L'ananas de Ted présage un drame

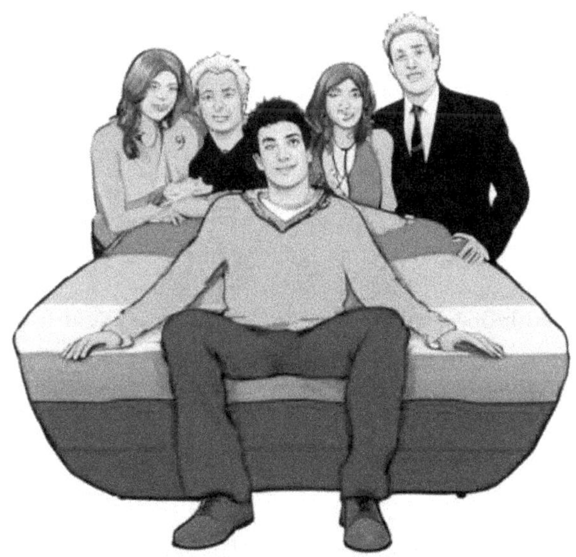

Le seul mystère que réserve encore la série « How I met Your Mother » est la question de savoir d'où provient l'ananas que Ted Mosby trouve sur sa table de nuit après une soirée trop arrosée. Plus qu'un mystère, c'est une des clefs pour comprendre la série.

Comme un ananas est jaune, grâce au code couleur associé aux personnages de la série (rouge pour Ted avec ses bottes, bleu pour Robin avec le cor de chasse, etc.) ; on sait que l'ananas est associé à la mère (comme le parapluie et le petit camion). La mère donnera un concert, sans doute pour un mariage. Puisque c'est ainsi qu'elle rencontre Ted à la fin, pour signifier qu'ils auraient pu se rencontrer avant. À cause de la mauvaise performance d'un des musiciens — mais pas de la mère, car il ne faut pas lui donner de défaut —, le marié est furieux. Par colère ou moquerie, il propose de payer les musiciens avec les fruits qui se trouvent sur la table de banquet (rires enregistrés). La mère refuse ce camouflet.

Scène suivante, elle marche dans la nuit, sa guitare sur le dos et une énorme corbeille de fruits en équilibre dans les mains (rires enregistrés). Elle croise un couple éméché qui la bouscule sans la voir. L'ananas tombe par terre. Ted — il prétendra que c'est le destin — veut s'excuser d'avoir provoqué l'accident. Il ramasse le fruit pour le rendre à sa propriétaire, mais sa conquête du moment l'empêche de courir après l'inconnue. Il garde l'ananas en jurant de le rendre à celle qui l'a perdu. Scène suivante, les amis mangent le fruit (rires enregistrés).

La présence de l'ananas est primordiale dans le show. C'est le signe que tout est illusion. Que n'importe quel détail, même le plus saugrenu — surtout le plus saugrenu —, peut être réinterprété dans un épisode plus tardif ! La série est entièrement construite sur cette illusion de continuité. Le sens de chaque scène est volontairement vague, parce que plus tard on pourra toujours en donner un autre. Ce fonctionnement — repris dans de nombreux épisodes — explique ce qu'il va se passer à la fin.

Le show ne cherche pas vraiment à illustrer la façon dont Ted rencontre sa femme. En apprenant que Ted va leur raconter cette histoire au début du premier épisode, les enfants demandent « Si c'est une punition. »

C'est une punition. Ted leur raconte une fable. Il veut leur assener une morale. Il le fait à ce moment de leur vie — alors qu'il aurait pu raconter l'histoire de la rencontre bien avant —, parce que les enfants deviennent adolescents. Il souhaite les mettre en garde.

Il ne raconte pas du tout l'histoire de la mère. Depuis le début, il ne raconte qu'une seule histoire. Ce n'est même pas la sienne, c'est l'histoire de Barney.

Comment Barney améliore la vie de Ted! Comment il lui a fait rencontrer ses compagnes ! Comment Barney lui prend la seule femme que Ted n'ait jamais aimée, et comment Ted lui a pardonné ! Depuis le début, tout tourne autour de Barney, parce que l'histoire racontée aux enfants, c'est qu'oncle Barney va mourir.

Au cours des épisodes, il y a un personnage qui apparaît souvent dans un lit d'hôpital. Un seul. Barney. À chaque occasion, c'est pour une plaisanterie. Une fois, c'est pour que Marshall mange une boulette de viande piégée afin de salir sa chemise — une vengeance —. Cette fois-là, Barney au moment de révéler la blague, déclare que toutes les factures médicales valaient le coup. Les amis ne rigolent pas. Ils savent que Barney est réellement malade. Mortellement malade. Si la couleur associée à Lili est le Violet, et à Marshall, le

Vert, quand il est seul, la couleur de Barney est le noir. Le noir de ses costumes, et de son appartement. Parce que son mode de vie, l'alcool, ou les femmes l'ont rendu mortellement malade.

Dans tous les épisodes qui se passent dans le futur avec Marshall chauve et Lili portant un chignon, on ne voit jamais Barney. Barney est tombé malade entre 2016 (sa dernière apparition en Argentine) et 2030. Ted raconte l'histoire de son ami qui va bientôt mourir.

INCEPTION (CHRISTOPHER NOLAN, 2010)

La cible de l'Inception est Cobb

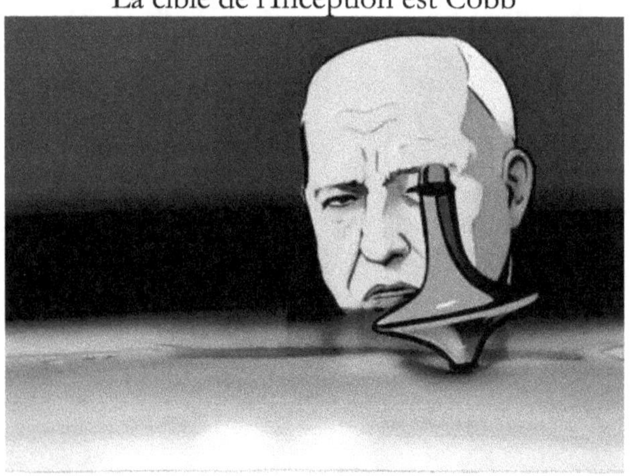

À la fin du film, il ne fait aucun doute que la toupie continue de tourner. Cette toupie qui signale si Cobb est dans la réalité ou le rêve. La toupie ne s'arrête pas, tout simplement parce que nous ne la voyons jamais s'arrêter complètement.

Mais ce n'est pas le propos d'Inception de savoir si Cobb est dans un rêve.

Le propos du film n'est pas non plus de convaincre l'industriel Robert Fischer de démanteler l'empire industriel de son père. Toute l'opération, l'Inception de Fisher, est un leurre pour placer Dom Cobb là où il doit se trouver : dans les limbes.

Le film malgré ses étranges différences temporelles reste continuellement dans l'ordre chronologique.

Lors de l'Inception, on assiste à une scène dans l'hôtel, puis un morceau de la course poursuite avec le minibus, dans l'ordre parce que le temps dans l'hôtel est bien plus long. Chaque événement est bien consécutif du précédent (même dans des lignes temporelles différentes). Le film présente l'histoire de façon très stricte dans l'ordre chronologique. Ce n'est pas par hasard. Nolan s'est fait connaître dans Mémento, ou justement chaque scène était racontée à l'envers de l'ordre chronologique. Nolan, en tant que réalisateur, a une fixation sur l'ordre dans lequel chaque scène de son film doit apparaître. Dans Inception, c'est l'ordre chronologique. C'est très important.

Parce que la toute première scène du film — donc celle qui se déroule le plus lentement possible — est la rencontre dans les limbes entre Dom Cobb et un Saito très âgé.

Cette scène dure quelques secondes. La fin de cette scène se déroule à la toute fin du film. Tout ce qui passe entre le moment où Saito parle à Cobb en jouant avec la toupie, et le moment où Cobb lui explique qu'il est venu le chercher, cet intervalle très court dans les limbes est le temps nécessaire pour monter toute l'opération.

Parce que c'est cela la mission de Cobb : récupérer Saito perdu dans les limbes. Il a été embauché par la firme de Saito qui veut récupérer son PDG en train de rêver sans espoir de retour.

C'est pour cela que Cobb est jeune, il vient juste d'arriver dans les limbes pour accomplir sa mission. Alors que Saito est là depuis plusieurs dizaines d'années (quelques jours dans le monde réel). Ils ne sont pas aussi vieux l'un que l'autre. Parce que Saito est là depuis bien plus longtemps que Dom.

Pour inciter Cobb à ramener Saito (car Cobb rêve), on oriente l'extracteur vers la fausse Inception de Fischer.

Un faussaire inconnu de nous — le même rôle que celui d'Eames — prend l'apparence de Saito pour créer des moyens de pression sur Cobb. Tout le film est un rêve. C'est pour cela que personne n'arrive à tuer Cobb au Kenya, quand il est bloqué dans une impasse trop étroite. Des tueurs professionnels le ratent dans un couloir ! Le faussaire sauve Cobb sous la forme de Saito pour que ce dernier lui en soit reconnaissant. Personne ne bronche quand Saito achète une compagnie aérienne, avant même que l'Inception soit censé se dérouler dans l'avion. Dans le rêve, tout est plus facile.

Dans un film où les noms sont si transparents et symboliques, Fischer est le plus important. Fischer, signifie « le pécheur de poisson ». C'est celui qui permettra d'attraper Cobb et de l'envoyer dans les limbes. Toute l'opération consiste à tuer Fischer, qui disparaît donc dans les limbes le premier. Puis Saito, qui, par un hasard trop calculé, est le seul à avoir reçu une blessure durant la fusillade, part aussi dans les limbes.

Cobb, piégé, doit aller les chercher.

L'idée lui est suggérée par Ariadne. Non pas parce que c'est l'architecte. Mais parce que c'est elle qui doit guider Cobb. Personne ne la connaît dans l'équipe. Elle est nouvelle, pourtant elle apprend très vite. En fait, cela a toujours été son métier. Elle travaille pour ceux qui tentent de récupérer Saito : elle doit diriger Cobb pour qu'il aille sauver son patron. L'Ariane de la légende est celle qui guide Thésée vers son but. L'Ariane de la légende n'est pas une architecte. Elle n'a jamais bâti de labyrinthe. Mais elle oriente.

Quand Cobb a enfin accompli sa mission. Il retrouve ses enfants. Ses enfants n'ont pas vieilli par rapport à son souvenir. Ils portent la même robe rouge et la même chemise à carreaux marron que lorsqu'il les a quittés. Ils ne se sont pas changés durant les mois de son absence. Parce que Cobb n'est pas parti des mois. Il n'a pas eu à échapper à la police. Il a juste été endormi pour accomplir sa mission. Tout cela était destiné à l'inciter à sauver Saito, un parfait inconnu, de sa dépendance au rêve.

Après le crédit, Cobb se réveille. Il est bien chez lui avec ses enfants. La véritable Inception consistant à persuader Saito de sortir du rêve a réussi. La police entre dans la maison. Dom Cobb est alors arrêté pour le meurtre de sa femme.

INVASION LOS ANGELES (JOHN CARPENTER, 1988)

Un fait réel des années soixante

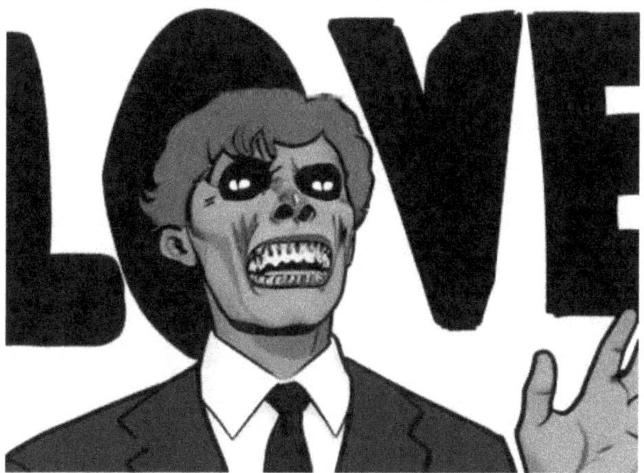

Au milieu du film se déroule une scène de combat longue de 6 minutes.

Le héros, John Nada, combat à main nue avec son ami Frank Armitage. Six minutes, c'est long dans un film. À titre de comparaison, le combat dans le métro entre Néo et l'agent Smith ne dure que trois minutes. Dans le film de Carpenter, la scène est deux fois plus longue. Mais il n'y a aucun effet spécial. Surtout, ce combat n'est pas avec le grand méchant, il s'agit d'une lutte entre deux amis. Surprenant !

D'autant plus étonnant que ce combat n'a aucune justification dans le film : « Invasion Los Angeles » n'est pas un film de combat.

C'est le seul et unique affrontement auquel on assistera, hormis quelques échanges de coups de feu.

Durant plus d'une heure avant cette scène, le film expose l'amitié, la virile camaraderie et la proximité des idéaux de ces deux hommes. Ils finissent la scène en sang tous les deux.

Le motif du combat est futile : John souhaite que son ami Frank accepte de porter une paire de lunettes de soleil. C'est tout !

Difficile, ici, de trouver le motif de cette lutte violente entre amis. Rien qui ne justifie un combat sanglant de six minutes avec des barres de métal, des coups bas et des coups de pavés.

Cette scène, pourtant, est la clef du film. Elle est centrale, temporellement elle se situe en plein milieu du film. Elle est unique. Elle révèle que le film ne parle pas, n'a jamais parlé d'une invasion extra-terrestre.

Le sujet du film est la critique du jugement d'autrui uniquement sur son apparence.

Les aliens sont laids. Horribles, physiquement ils ressemblent à des squelettes couverts en partie de métal rouillé et de chair. Pourtant ce ne sont jamais eux qui font preuve de cruauté.

Les premières violences policières sont accomplies par des humains.

Quand on aperçoit enfin les aliens (grâce aux lunettes de soleil), ils se livrent à des activités complètement pacifiques et quotidiennes. Lecture de magazine, séance chez le coiffeur, retrait bancaire. Voilà des aliens bien rassurants malgré leurs visages effrayants.

Durant tout le film, il y a une seule et unique fois où l'on assiste à des actes violents de la part d'un alien. Un policier — alien — pourchasse le héros, John Nada, et lui tire dessus.

Mais cet alien a une justification : le « héros » vient de menacer, et de tirer sur des civils durant la scène précédente. Et malgré cela, le policier ne tente même pas de tuer John, il essaye juste de l'arrêter. Quand il le tient en joue, il lui demande juste de se rendre. Objectivement, ces aliens sont des pacifiques.

Les humains, eux, sont corrompus.

Certains travaillent avec les aliens, et ce sont ceux-là qui expliquent au héros que les intentions des aliens sont mauvaises. Jamais un alien lui-même. À la fin, John Nada est tué par un simple humain.

Voilà pourquoi Frank Armitage, l'Afro-Américain, ami du héros, refuse de porter les lunettes de soleil. Il refuse de juger des hommes sur leur apparence. Il le refuse parce qu'il connaît le fonctionnement du racisme, qui commence toujours par la critique des différences physiques.

Refuser de porter les lunettes, c'est refuser de voir que les aliens sont horribles. C'est tenter de faire abstraction des préjugés, et de tenir compte de leurs actions. Justement, dans tout le film les aliens ne font rien de mal. Mais une fois que Frank constate leur laideur — après la scène de la lutte —, lui aussi cède au « racisme » du héros, et tente de les éliminer.

Revenons au début. Une des premières scènes du film montre la police, de concert avec l'armée, envahissant un quartier pauvre de Los Angeles. Il y a des tanks, des humains casqués, et armés de fusils mitrailleurs dans un quartier pauvre de la ville.

Cette scène se passe à Los Angeles. Ce n'est pas un hasard. L'événement le plus traumatisant de l'histoire moderne américaine est la manifestation qui a eu lieu à Los Angeles du 11 au 17 août 1965.

Voilà ce qu'il s'est passé en 65 à Los Angeles : en réponse à une agression policière dans le quartier pauvre de Watts, des noirs américains organisent une manifestation. La réaction des autorités est violente. L'armée est appelée. Il y eut des tirs dans les rues durant la semaine entière. Les tanks sont intervenus avant que le calme ne soit rétabli.

C'est le propos du film « Invasion Los Angeles ». La violence dont on peut faire preuve contre une minorité au physique différent. Les extra-terrestres n'ont jamais envahi la terre. Ils sont juste très laids à regarder.

IRON MAN (JON FAVREAU, 2008)

Iron Man a été tué lors de la première scène dans le désert

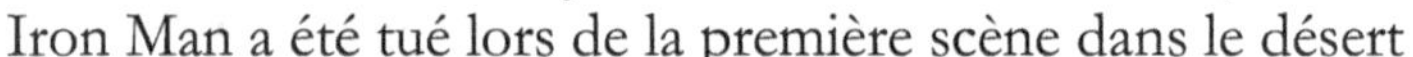

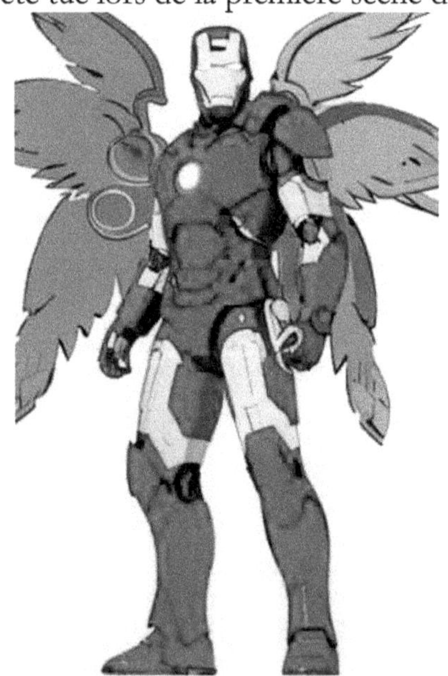

Attaqué par les terroristes en Afghanistan lors de la démonstration du lance-roquette, Tony Stark subit une blessure au cœur. Il en meurt immédiatement.

La suite du récit est une analogie. Le séjour, enfermé dans la grotte. C'est une allusion au passage dans le tunnel, tel que l'expérimentent ceux qui ont frôlé la mort. Le tunnel puis la lumière. C'est ce qui arrive à Tony quand il sort de la grotte.

Cet homme d'affaires n'a pas les compétences techniques pour fabriquer une arme et encore moins une armure de combat. Les terroristes n'ont aucune raison de l'enfermer dans un espace aussi rudimentaire qu'une grotte, s'ils exigent de lui qu'il fabrique une arme sophistiquée. Un atelier militaire serait plus adapté.

Il est dans une grotte sombre. Il est dans le désert en train de mourir. Stark est en train de délirer pendant son agonie.

Le vieil homme enfermé avec lui dans la grotte est une représentation de Charon, le passeur des morts qui doit l'aider à passer de l'autre côté.

Quand Tony Stark sort de la grotte, il voit la lumière éblouissante pour la première fois. Il a revêtu son armure lumineuse, un « habit de lumière ». Son agonie se termine, il est définitivement mort.

Si le film continue, c'est parce que quelque chose revient sur terre. Stark existe désormais sous une nouvelle forme. Un être qui vole, et projette des rayons lumineux. Tous les attributs d'un ange.

Ce n'est pas un superhéros vêtu d'une combinaison perfectionnée, Tony Stark est un être divin envoyé pour une mission précise.

Son armure est jaune et rouge. Comme l'or et le sang. Un Ange seul de la bible a une affinité particulière pour ces couleurs et ce qu'elles représentent. Un Ange dont on sait qu'il a choisi de rester sur la terre pour en faire son royaume : L'ange déchu, Lucifer.

Tony Stark est mort dans le péché. C'était un industriel véreux, il collaborait avec des terroristes pour son profit matériel. Il vendait la mort, par ses armes perfectionnées, au plus offrant sans se soucier de moralité. Il n'est pas devenu un saint, ni même un superhéros après une blessure et quelques semaines de captivité.

Il est mort, et il revient comme serviteur de Satan. Ce qui est marquant pour ce soi-disant « superhéros » par rapport à tous les autres, c'est qu'à aucun moment il ne sauve une vie humaine. Jamais. Le bien n'est pas son objectif. Il ne fait qu'exercer une vengeance déterminée. C'est légitime pour un serviteur du mal. Comme on l'attendrait du diable, il est beau, il est riche et charmeur. Il prétend faire le bien alors qu'il ne suit que son propre intérêt.

Mais la clef du véritable comportement d'Iron Man se trouve à la toute fin du film.

Lors de la conférence où Stark doit justifier la mort de son employé (tué par lui-même) ainsi que les dégâts commis dans la ville, Tony Stark se comporte à l'inverse de tous les superhéros. Au lieu de rester dans le secret (alors qu'il est assuré que l'état le couvre), il déclare à tous :

« Je suis Iron Man ».

La révélation est troublante parce que jusqu'à présent une des règles immuables des superhéros dans l'univers de Marvel est de ne jamais révéler leur identité. C'est la condition essentielle pour protéger leur vie privée. D'un point de vue narratif, c'est ce qui permet de générer des dilemmes entre leur vie privée et leur vie de sauveur. Stark brise cette règle.

S'il n'hésite pas à dévoiler son identité, c'est parce que c'est un mensonge. Il n'est pas Iron Man. Tony Stark est un serviteur démoniaque de Lucifer. Normal qu'il n'ait aucune hésitation à avouer son rôle d'Iron Man.

S'il avait dit la vérité lors de cette conférence, il aurait dû dire : « Je suis le diable ».

JAMES BOND (EON PRODUCTION, 1962 – AUJOURD'HUI)

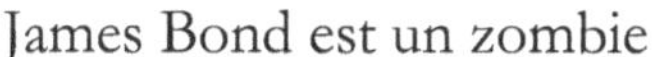

James Bond est un zombie

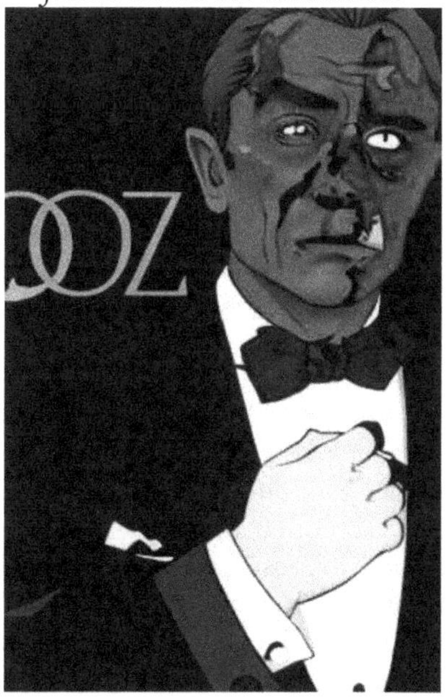

Reprenons les caractéristiques surprenantes de James Bond :

Il est en mission depuis plus de 50 ans.

Son apparence physique change régulièrement.

Il a survécu à des dizaines de morts certaines.

Jusqu'à présent, la solution officielle à ces incohérences est la théorie selon laquelle « James Bond » est un nom de code partagé par plusieurs agents.

Ainsi, Sean Connery est James Bond, il prend sa retraite, puis un nouvel agent (joué par Roger Moore) prend le nom de James Bond. Ou alors Sean Connery est mort, et a été remplacé par un nouvel agent qui prend le nom de « Bond ».

Et puis un des films en 2013 a détruit la théorie du nom de code : on y voit Bond se recueillir sur la tombe de ses ancêtres. Donc Bond est son vrai nom ! Celui de toute sa famille.

Une tombe. Voilà qui aurait dû éveiller l'attention. Les auteurs de la série sont parfaitement conscients de l'absurdité de l'espion. Ils savent qu'il faut résoudre les trois caractéristiques improbables du personnage iconique. Ces auteurs savent aussi que les fans ont créé la théorie

« Bond est un nom de code » pour justifier les incohérences des films.

Résultat d'une expérience horrible des services secrets anglais juste après l'échec de leurs tests militaires sur le LSD. James Bond est un soldat mort-vivant. Plus rien ne peut l'atteindre.

Depuis des années, il prend des risques inconsidérés (sauter d'un avion en plein vol, nager dans une eau infestée de requins, se déplacer sur le toit d'un train), mais en plus il reste flegmatique dans les circonstances les plus dramatiques (même sous la torture… et pour cause il ne sent, ni ne ressent rien).

Les changements d'apparence sont nécessaires périodiquement quand les chairs mortes de l'agent se délitent. Souvent, en raison des traitements violents que l'agent subit lors de ses aventures. Mais les services chirurgicaux du MI6 n'ont aucun mal à lui façonner un nouveau visage quand le besoin se fait sentir.

C'est pour cela que James Bond parle aux ennemis qu'il vient de tuer. « Il a pété un fusible » après avoir électrocuté OddJob, l'homme de main de Goldfinger. « Il avait la grosse tête » après avoir envoyé une balle de gaz compressée qui fait gonfler puis exploser Kananga dans « Vivre et laisser mourir ». « Fait un pas de géant pour l'humanité » après avoir poussé Hugo Drax dans l'espace, dans « Moonraker », etc.

Bond croit que, comme lui, ses victimes ont aussi une vie après la mort. Pour cela, même en l'absence de témoin, il sort ces remarques définitives. « Choquant… ! » a quelqu'un qu'il a tué en renversant un appareil électrique dans une baignoire. « Ils impriment n'importe quoi de nos jours », après avoir éliminé un adversaire en le jetant dans une machine d'imprimerie. James Bond ne s'adresse pas à nous, spectateurs, il parle réellement à ses victimes croyant qu'elles reviendront à la vie en se remémorant sa moquerie.

Ce caractère froid et détaché vis-à-vis de la mort, la sienne, ou celle des autres est le signe de l'immortalité du personnage.

Surtout, son nom de code a toujours été « 00Z ».

« Z », et non pas « 7 ». « Z » pour Zombie, pour distinguer le seul agent double-zéro mort-vivant.

JE SUIS UNE LÉGENDE (FRANCIS LAWRENCE, 2007)

Le virus n'épargne personne

Nous nous demandons pourquoi le protagoniste (joué par Will Smith) chasse des antilopes au début du film. Il ne manque pas de réserve de nourriture. Nous nous demandons, surtout, ce que font des antilopes à New York. Même abandonnée par les humains, la ville offre sans doute moins de ressources alimentaires — à cause du béton, encore omniprésent — que les plaines avoisinantes.

Le virus frappe hommes et animaux. 99 % de ceux qu'il contamine, meurent. Ceux qui survivent deviennent des vampires. Certains, comme le héros, sont, semble-t-il, immunisés. C'est faux.

Will Smith, et tous les survivants sont touchés par le virus. Le virus attaque les neurones. Ceux qui ne meurent pas, et ne sont pas changés en vampires deviennent d'une stupidité abyssale.

C'est pour cela que des antilopes vivent à New York. Elles n'ont pas la présence d'esprit d'aller dans les bois autour.

C'est aussi la raison pour laquelle, en trois ans, Will Smith (dont la seule activité est de tester l'effet de son sang sur les vampires) n'arrive pas à découvrir la dose correcte de sang nécessaire pour soigner les vampires. C'est pour cela que les autres survivants, dont le sang a les mêmes propriétés, n'essayent même pas de l'utiliser comme remède.

À la fin du film, Will Smith, encerclé par des vampires, découvre que son sang permet de guérir. Il se sacrifie pour protéger une jeune femme. L'implication de la scène est que s'il n'avait pas découvert les propriétés de son sang, il ne se serait pas sacrifié. Il aurait donc laissé la jeune femme mourir… Sans raison. Parce que c'est un idiot.

C'est pour cela aussi qu'il tombe dans un piège qu'il a lui-même tendu pour capturer des vampires. C'est pour cela que son chien est contaminé. Pire. Il laisse son chien mourir, alors qu'il vient, quelques heures avant, de découvrir que son sang « sauve les animaux. Début des tests sur les sujets humains » (écrit-il dans son journal).

Sa bêtise provoque la mort de son chien, sa bêtise l'empêche de sauver son chien, sa bêtise l'empêche de chercher refuge avec les autres survivants. Et la bêtise atteint la jeune femme qui le rejoint, vu qu'elle entend des voix.

Le virus n'a véritablement épargné personne. Ceux qui ne sont pas devenus vampires sont devenus des « légumes ».

LA JOCONDE (LEAONARDO DA VINCI, 1503)

le sourire de Nosferatu

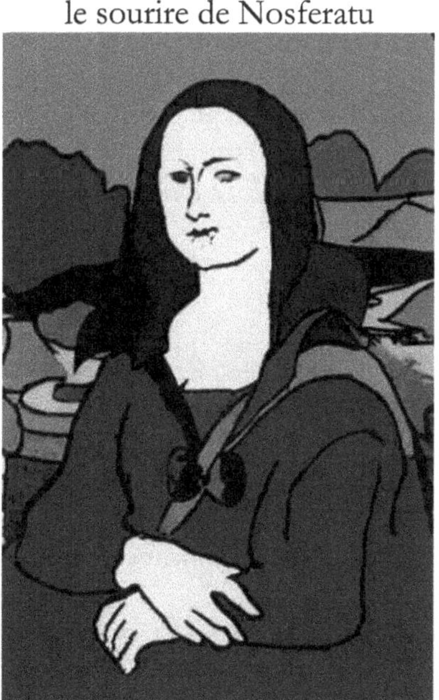

La Joconde n'a ni cils ni sourcils. On a prétendu que c'était la mode féminine de l'époque. On n'en est plus tout à fait sûr. Peut-être, les sourcils et les cils ont été enlevés plus tard par un disciple de DaVinci. Peut-être il n'y en a jamais eu. Peut-être c'était la mode de ne pas en porter. Ou pas.

Cette absence donne un aspect étrange au tableau, et participe à la fascination qu'il provoque. On n'est pas tout à fait sûr de voir un visage humain.

Mais ce qui contribue le plus à l'attrait de la Joconde c'est son sourire : on ne le reconnait que par vision périphérique. Dès qu'on le fixe, il disparait.

On attribue cet effet au travail d'ombre fait par DaVinci. On sait aussi que la forme de la bouche porte des traces étranges. Les cicatrices de marque de dents sur la lèvre inférieure.

Le modèle, sans doute (c'était fréquent à l'époque) avait perdu des dents de devant à cause d'une hygiène dentaire déplorable, nous dit Wikipédia.

Ou bien, tout aussi légitimement. Le modèle avait des canines de 3 cm de long, si longues qu'elles sortaient de la bouche.

C'est en effaçant ces canines démesurées (comme ont été effacés les cils et les sourcils) que le sourire devient énigmatique : quelque chose devrait être là.

Tout sur le contour de la bouche indique la présence de ces canines allongées, on en distingue l'ombre. On ne les voit pas.

Ce que DaVinci a peint c'est un vampire. Peut-être le premier vampire de l'art pictural occidental. Il ne nous revient pas de déterminer si c'était un véritable vampire, ou un modèle ayant réellement des canines trop longues pour de vagues raisons médicales. Ce qui est sûr c'est que DaVinci ne voulait pas que l'on achète ce tableau. Il le conserve 15 ans sur lui.

Il le retravaille en permanence. Pourtant bizarrement, il laisse des erreurs flagrantes : la main gauche dont tous les doigts font la même taille ; maladresse étrange du maître de l'anatomie. Cette main ressemble à une griffe.

Il laisse une ligne d'horizon plus haute à gauche de la tête qu'à droite. Pour un peintre si versé dans l'art de la perspective.

Il place un pont à droite : symbole du temps et de l'éternité. Il place un chemin sinueux à gauche: symbole du danger et de la mort. Pour quelles raisons de telles représentations, sinon pour rappeler que le portrait est celui d'un mort-vivant, buveur de sang !

Il ne vend jamais ce tableau plein de symboles lié au bizarre, à l'anormal et au vampirisme.

Avançons jusqu'à la période moderne. Dès qu'il devient célèbre (après avoir été volé et retrouvé), ce tableau est intitulé « Joconde » du nom du modèle présumé « Lisa Del Giocondo ». Aucune preuve (à ce jour) ne permet authentifiée définitivement cette Giocondo comme modèle. On a au moins trois autres candidats possibles comme modèle de DaVinci. Pourtant on s'empresse d'attribuer ce nom au tableau : « La Joconde ».

Il a déjà un nom ce tableau, et un fort joli : « Mona Lisa ». Pourquoi veut-on absolument le changer pour donner un nom d'un personnage qui n'a peut-être rien à voir ? Pourquoi tant d'effort pour conférer un nom erroné ?

Parce que tout le monde connait désormais la passion de DaVinci pour les miroirs, les codes, et l'écriture de la main gauche. DaVinci écrivait ce qu'il voulait garder secret à l'envers. À l'époque, le stratagème était novateur.

Il conserve un tableau, pendant 15 ans, jusqu'à sa mort, en permanence avec lui. Ce tableau il l'a appelé « Mona LISA ». Ce qui veut dire, si on lit à l'envers : « Mon ASIL ».

À l'asile, DaVinci était sûr d'y aller si quelqu'un apprenait qu'il avait représenté sur son tableau un vampire buveur de sang.

UN JOUR SANS FIN (HAROLD RAMIS, 1993)

« Un jour sans fin » est le second épisode

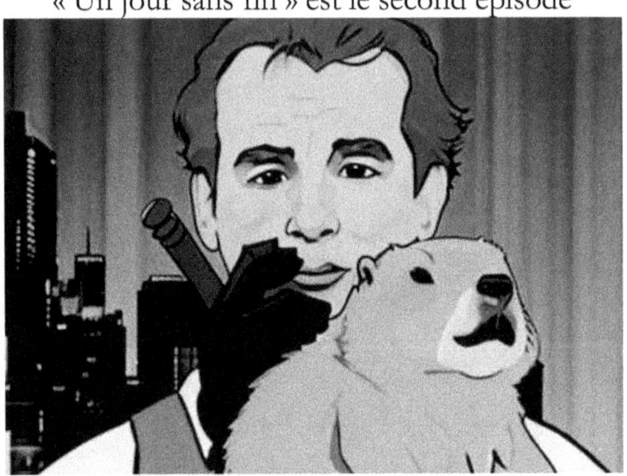

Dans « un jour sans fin » (Groundhog Day), Bill Murray n'arrive pas à mourir. Il vit la même journée en boucle. Le propos du film n'est pas de savoir comment, ni pourquoi il est arrivé là ? Lui-même ne se pose pas la question. Il tente d'abord de profiter de la situation, avant d'essayer d'y échapper. Mais il ne peut pas mourir.

Dans le film Ghostbuster (1984), le scientifique qui invente la machine à capturer les fantômes prévient Murray et ses amis qu'il ne faut pas faire converger les rayons radioactifs. Il ne précise pas les conséquences, mais tout le long du film les protagonistes évitent de croiser leurs rayons de captures.

Seulement à la fin, lors de la confrontation avec le dieu sumérien venu sous forme de Marshmallow géant, ils se résolvent à faire converger les rayons pour fermer le portail démoniaque.

L'explosion qui en résulte est si violente qu'ils meurent tous. Et, bien entendu, comme toute personne qui meurt dans des circonstances exceptionnelles, ils se transforment en fantômes.

Murray, un fantôme, mort. Il ignore qu'il est mort. Il est fasciné par l'attention des médias. Il a adoré quand les télés commentaient ses exploits de chasseur de fantômes. Il se tourne vers le journalisme. Il devient rapidement présentateur pour une chaîne de télévision. Il est amené à couvrir le jour de la fête des marmottes.

Murray est un fantôme. C'est la première fois qu'il se trouve loin des cages de contentions et des rayons qui permettent de capturer les fantômes. Murray est un fantôme libre en plein Punxsutawney (Pennsylvanie).

Les fantômes hantent le lieu de leur mort. Les fantômes ignorent qu'ils sont morts. Les fantômes réalisent les mêmes gestes en boucle, jusqu'à ce qu'ils trouvent une solution à ce qui a causé leur mort. Tout cela, c'est Ghostbuster qui nous l'apprend.

Murray vivra le même jour en boucle. Il est mort, il l'ignore. Cela rend une scène d'autant plus pathétique. Quand il se décide à profiter de sa connaissance de la journée pour aider les habitants, il tente de sauver une personne d'un accident en déclarant : « Personne ne doit mourir. Pas ce jour-là ! » Pas son seul et unique jour. C'est pathétique, parce qu'une personne est morte ce jour-là : Murray.

À la fin du film, Murray a vaincu la malédiction. Ce n'est plus un fantôme et il peut quitter le jour sans fin. Il n'y arrive qu'en gagnant l'affection d'Andy MacDowel. C'est surprenant parce que jusqu'à présent il n'a témoigné d'aucune espèce d'attirance pour cette femme.

C'est troublant, parce que dans Ghostbuster, le Dieu sumérien de la destruction apparaît, pour la première fois, sous la forme d'une femme. C'est rare de représenter ainsi un dieu de la destruction. Presque plus rare que de le mettre sous la forme d'un bonhomme Marshmallow géant.

Murray peut enfin quitter le jour sans fin, car il a obtenu le pardon de Gozer, le dieu sumérien de la destruction qui a pris la forme d'Andy MacDowel. Le dieu qui change d'apparence à volonté a poursuivi le fantôme de Murray. Le dieu enferme le fantôme dans la journée sans fin uniquement quand Murray s'est éloigné de la ville où Gozer avait été vaincu. C'est pour cela que tout ne peut se passer qu'à Punxsutawney. Quand Murray parvient à séduire le dieu sous la forme d'Andy MacDowel, le dieu lui permet de rejoindre le rang de ses serviteurs. Il ne sort pas du jour sans fin, il disparaît dans l'enfer sumérien avec son nouveau maître.

KILL BILL (QUENTIN TARANTINO, 2003)

Le personnage de la Mariée a vraiment existé au dix-neuvième siècle

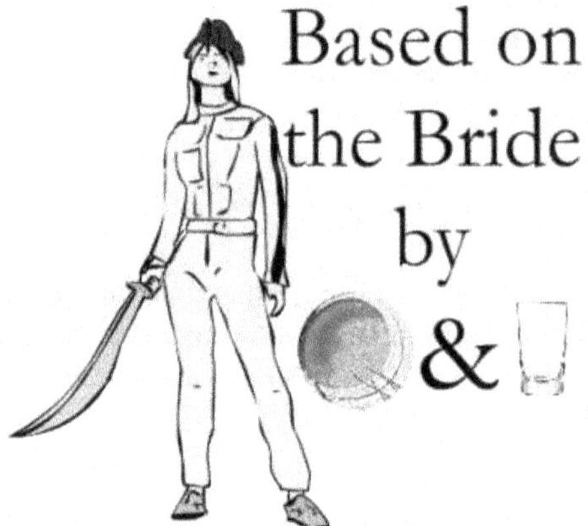

Les crédits, à la fin de Kill Bill, précisent que le personnage de Béatrix Kiddo (Uma Truman) est « inspiré du personnage de la Mariée inventée par Q & U ». On prétend, pour se rassurer, que Q & U ne sont que les initiales de Quentin & Uma. Le personnage de la Mariée a une origine plus compliquée. Pour comprendre, il faut remonter au début du dix-neuvième siècle, en 1808 pour être précis, quelque part entre les côtes de Macao et l'embouchure du fleuve Jaune. En Chine.

En 1808, nous dit le chroniqueur a sévi le pirate le plus dévastateur de la Chine : La Veuve Ching. Son histoire commence, comme celle à qui elle sert de modèle dans le film, juste à la mort de son mari, le précédent amiral en chef des pirates. Le nom sous lequel on connaît cette pirate, Ching Shih, signifie littéralement « la Veuve de Ching », comme si elle n'avait pas de nom personnel. Tout comme la Mariée n'a pas de nom durant le premier film.

Nous savons peu de choses de la mort du mari de la veuve Ching. On suppose que l'empereur, lassé de ses pillages, le fait empoisonner. Ce qui est certain, c'est que la Veuve en veut à l'empereur. Au point de causer bien plus de tort que son ex-mari. Agrandissant sa flotte au fil des années, la veuve chinoise bloque le commerce autour de Macao. Elle a alors 80 000 hommes sous ses ordres. Elle met les villages côtiers à feu et à sang.

Durant tout le film « Kill Bill », le thème de la piraterie est omniprésent. Il y a d'abord Elle Driver, qui porte un très symbolique bandeau sur l'œil. Il y a les nombreuses mains coupées, blessures fréquentes de pirates, comme en témoignent les crochets qui les caractérisent. Il y a l'usage surprenant des armes à feu dans un film de samouraï (mais pas chez les pirates), et même l'usage d'un ancestral Tromblon par Budd, le frère de Bill.

Mais l'influence spécifique de l'histoire de la très réelle Veuve Ching sur le personnage de la Mariée est bien plus précise. En Chine, l'empereur envoie une flotte militaire pour se débarrasser de la Veuve. De la flottille impériale, on nous relate précisément que 5 navires furent coulés tandis que les 83 autres durent s'enfuir devant la flotte de la Veuve Ching. Le total est donc de 88 navires impériaux. Ce chiffre est repris dans le film avec les 88 fous d'O-Ren Ishii que la Mariée affronte au Japon.

Les combats maritimes entre les amiraux de l'empereur et la Veuve Ching se continuent jusqu'en 1810. À ce moment, quand elle se retrouve devant une flotte bien supérieure à la sienne, la Veuve finit par capituler et obtenir la grâce de l'empereur. Elle vécut, avec son fils unique, heureuse et en paix le reste de sa vie. La Mariée finira, elle aussi, avec sa fille, heureuse et retirée de son ancienne vie d'assassin.

Ces ressemblances entre la très réelle Veuve Ching du XIXe, et la fictive Mariée de Kill Bill peuvent sembler anecdotiques. Mais il y a cette phrase étrange durant le générique de fin du film.

Pourquoi avoir choisi de mettre « Q & U » comme créateur du personnage? Pourquoi pas Quentin & Uma ? Pourquoi pas T & T ? Pourquoi pas les initiales complètes ou tout simplement les noms complets ?

Il se trouve que la lettre « Q » ressemble à une piscine. La lettre « U » ressemble, elle, à un verre à boire.

Le chroniqueur anglais, duquel nous tenons toutes ces informations sur la Veuve Ching, fut prisonnier de la pirate. Il vécut quelques mois à bord du vaisseau même de Ching. Le nom de cet homme, qui raconta sa captivité et sa rencontre avec la Veuve Ching, est Richard Glass Poole. « Glass » signifie « verre » en anglais, et « Pool », signifie piscine ou bassin. Q & U en effet.

LÀ-HAUT (PIXAR 2009)

Un pamphlet misogyne

Le seul personnage féminin du dessin animé se nomme « Kévin ». Ce personnage ne sait pas parler, alors que même les chiens parlent. Ce personnage n'a qu'une seule fonction : échapper aux chiens, et élever ses enfants. Il ne communique que par des cris stridents, et… il se goinfre de chocolat.

Voilà la vision de la femme dans le film.

Il y a une autre femme. Celle du vieillard. Elle est aventureuse, courageuse, entreprenante rigolote et maligne. Elle meurt en cinq minutes. Pire, elle n'avait qu'une seule ambition dans la vie : explorer le monde. Malgré la promesse qu'il lui a faite, son mari l'en empêche pour les raisons les plus futiles (une roue à changer, un meuble à réparer).

Cette femme merveilleuse, le vieillard l'empêche de vivre sa vie. Quand elle meurt, elle lui reste indifférente.

Rappelons-le, le vieillard n'accroche pas sa maison à des ballons pour réaliser le rêve de sa femme. Il avait 80 ans pour le faire, et sa femme est morte de toute façon. Il accroche ses ballons parce que la ville veut le mettre en maison de retraite à cause de sa méchanceté (il blesse un architecte qui ne demandait rien).

Donc voilà un homme qui n'a jamais voulu réaliser le rêve de sa merveilleuse femme, et qui décide d'échapper à ses responsabilités en s'envolant. Le premier petit enfant qu'il croise, il s'y attache immédiatement, lui sauve la vie, et promet de l'aider. Pour lui, dans ce film rétrograde, une femme ne vaut que si elle donne des enfants, ce que n'a pas fait la sienne.

Mais ce n'est pas lui le seul coupable. Même les chiens ont le culte du mâle. Quand le chien alpha a une voix féminine à cause d'un défaut dans l'appareil qui lui permet de communiquer, toute la meute se rit de lui. C'est l'humour : le chien possède une voix de femme. C'est tout. C'est drôle parce que c'est une voix de femme ? Cela suffit pour lui faire perdre son ascendant sur les autres.

Le studio à l'origine du dessin animé n'a pas voulu cacher son intention de présenter les femmes dans un rôle rétrograde. Le film s'intitule « Up » (en haut) pourtant la maison, si elle s'envole bien, reste pendant plus de 80 % du film au ras du sol. Le « Up » n'a jamais concerné la maison. Il concerne une certaine partie de l'anatomie du vieillard, qui malgré son âge peut encore se dresser. Oui ! Le film est aussi bas que cela.

LE LIÈVRE ET LA TORTUE (LA FONTAINE, 1668)

La Fontaine, philosophe du temps

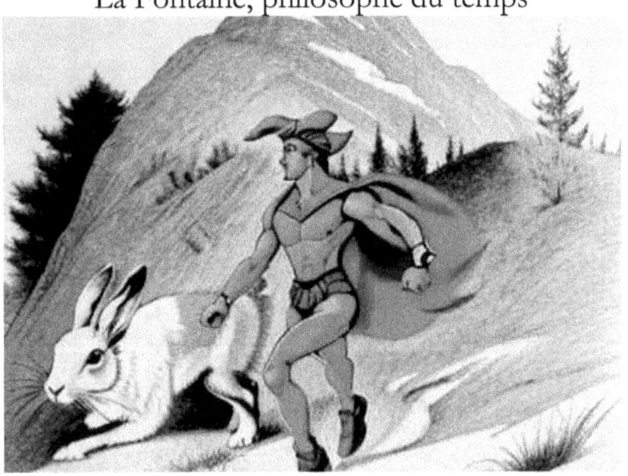

Jean de La Fontaine n'a jamais pu observer de tortue. Dans la France du XVIIe, ces animaux sont absents. Il n'existe pas de zoo où en voir. Les plus proches tortues se trouvent sur la côte Adriatique de l'Italie ou de la Grèce. La Fontaine n'a jamais fait un voyage dans cette région. La Fontaine est un génial analyste du comportement animal. La Fontaine n'a jamais observé de tortue.

Pourquoi donc mettre une tortue dans la fable du Lièvre et de la Tortue ? Un escargot fait aussi bien (sinon mieux) l'affaire. Et La Fontaine a observé des escargots !

Parce qu'il s'inspire d'anciens Grecs, La Fontaine a mis une tortue dans sa fable. Si la plupart des fables sont tirées du grec Ésope, celle du Lièvre et de la Tortue possède une autre origine : la fable s'inspire du Philosophe Zénon.

Vers 400 av. J.-C., Zénon d'Elée postule que, si Achille fait la course avec une tortue (Zénon a vu des tortues, lui qui habite sur la côte Adriatique) et que le héros laisse dix mètres d'avance à l'animal, jamais Achille ne rattrapera la tortue. Pendant qu'Achille parcourt un mètre, la tortue parcourt dix centimètres, puis, pendant qu'Achille fait dix centimètres, la tortue avance de un centimètre. Ainsi à l'infini, nous dit Zénon.

C'est ce paradoxe que Jean de La Fontaine résout avec cette fable. Sa première réfutation tient dans sa critique du postulat de départ de Zénon.

On prétend que le paradoxe de Zénon tient, si l'on suppose des distances que l'on peut diviser à l'infini. Mais la fable trouve le point faible du paradoxe, et tous les premiers vers sont là pour montrer l'erreur de Zénon :

Achille ne peut pas rattraper la tortue, non pas parce qu'elle parcourt une petite distance à chaque fois qu'il avance, mais parce qu'il lui a laissé dix mètres d'avance.

Sans cette avance, le paradoxe s'effondre. Achille parcourt un mètre, la tortue fait dix centimètres seulement, et Achille a gagné la course. C'est La Fontaine qui nous rappelle ce simple fait pourtant primordial, ignoré par Zénon.

La fable souligne ce point. Le lièvre n'a aucune raison de laisser de l'avance à la tortue. L'essentiel de l'histoire consiste à justifier cette avance qui est logiquement injustifiable. La Fontaine donne une explication à cette avance : la vanité du lièvre. Cette avance illogique, qui permet l'existence du paradoxe de Zénon.

Mais ce n'est pas le point principal. La Fontaine a écrit la fable pour résoudre le paradoxe et il le fait. Après avoir critiqué les prémices illogiques qui permettent au paradoxe de sembler cohérent, La Fontaine attaque la conclusion.

Zénon, avec son paradoxe, veut démontrer que le temps et l'espace ne sont pas infiniment divisibles. Comme Achille rattrape la tortue dans la réalité, c'est parce qu'au bout d'une certaine distance (l'atome) la distance ne se divise pas. En 400 Av. J.-C., Zénon veut prouver l'existence de l'atome.

En 1650, La Fontaine prouve la relativité.

Avec la fable, La Fontaine prétend que la tortue ne peut pas perdre contre Achille par le simple fait qu'elle est partie AVANT lui. Dans le référentiel temporel de la tortue, elle se situe toujours devant. Si elle possède une avance, alors la relativité suppose que chaque coureur suit sa propre flèche du temps. Au moment où les deux espaces-temps sont adjacents, Achille dépasse la tortue. Mais tant qu'on lui donne une avance, et que son espace-temps est indépendant, elle est devant Achille pour l'éternité.

La Fontaine finit ses fables par une morale. Du moins les fables qu'il reprend d'Ésope et qui ont un simple enseignement de sagesse et de bon sens.

Les fables avec une portée philosophique commencent par la morale : « Rien ne sert de courir… Le Lièvre et la Tortue en font un témoignage. Etc. »

L'auteur met la morale devant, contrairement à l'habitude. Il change l'ordre du temps. Parce que, dans cette fable (ainsi que dans le loup et l'agneau, aussi abordé dans ce traité), La Fontaine enseigne les propriétés du temps. Trois siècles en avance.

Peut-être que Lucius Fox finalement cherche à ce qu'on le découvre : il laisse des indices de plus en plus évidents sur son identité.

LE LOUP ET L'AGNEAU (JEAN DE LA FONTAINE, 1668)

Une fable quantique

Nous avons déjà constaté avec la fable du Lièvre et de la Tortue que La Fontaine est un philosophe novateur. Si dans la fable citée précédemment, il résout le paradoxe de Zénon, dans celle du Loup et de l'Agneau, il frappe encore plus fort.

Il est très important de remarquer que cette fable, contrairement à la majorité des autres, commence par la « morale ». Nous avons appris cette morale dans notre jeunesse. Après des années, il reste souvent dans notre mémoire ces deux vers éternels : « La raison du plus fort est toujours la meilleure, nous l'allons montrer tout à l'heure ».

Ils sont importants à tout point de vue, ces deux vers. Ils présentent la morale de la fable dès le début : pour que nous l'oubliions à la fin, comme pour l'écarter. Le but est plus retors encore.

Ces deux vers provoquent un étrange sentiment d'incompréhension. Le « tout à l'heure » ne s'applique pas au passé comme nous en avons l'habitude. Ces deux vers annoncent que « tout à l'heure », dans un instant, nous comprendrons que « la raison du plus fort est toujours la meilleure. »

Ces deux vers annoncent en fait le thème réel de la fable. Cette fable parle du Temps. Le Temps des philosophes, le mystère ultime que nos physiciens cherchent encore à expliquer.

Toutes les équations le prouvent, il n'y a aucune raison que le temps aille du passé vers le futur. Aucune raison, aucune preuve non plus. Cela, La Fontaine nous le démontre dans la fable du Loup et de l'agneau. Il y a plus de quatre cents ans.

La Fontaine reprend ici une fable de Phèdre. Chez Phèdre, tous les éléments sont déjà là : le loup boit en amont de l'agneau. Le loup accuse l'agneau d'avoir médit de lui l'année précédente. L'agneau rappelle qu'il n'était pas né. Le loup mange l'agneau.

Deux différences primordiales pourtant :

* La moralité est bien à la fin chez Phèdre.

* Le, « Si ce n'est toi, c'est donc ton frère. -je n'en ai point », était chez Phèdre « Si ce n'est pas toi, c'est ton père. »

Nous allons voir pourquoi La Fontaine change ces détails.

Mais d'abord, parlons du problème que résout La Fontaine dans cette Fable.

La pensée du Grec Héraclite dit : « personne ne se baigne deux fois dans le même fleuve ».

Borges nous rappelle que la pensée est subtile parce que nous comprenons d'abord que le fleuve (où je me baigne cette année) ne peut pas être celui de l'année dernière. Toute l'eau s'en est écoulée. Comme nous acceptons cette conclusion de façon évidente, nous croyons découvrir, et acceptons plus aisément la seconde conclusion : nous avons changé, entre cette année et l'année dernière.

Même si l'eau était restée la même, nous ne nous baignerions quand même jamais dans la même eau, parce que NOUS sommes différents d'un instant à l'autre. La doctrine d'Héraclite repose sur cette idée : tout change, rien n'est immuable.

La Fontaine réfute ce raisonnement.

D'abord, il nie que l'eau du fleuve est changée. C'est pour cela que le loup accuse l'agneau de polluer son eau en buvant en amont. Le cours du fleuve importe peu. Pour le fabuliste, qu'importe que l'eau s'écoule : si nous buvons, nous polluons l'ensemble du fleuve. L'idée parait saugrenue. Elle est actuellement envisagée avec beaucoup de sérieux, par les physiciens qui tentent de trouver une explication au temps. Pour eux aussi, quatre cents ans après La Fontaine, il n'y a aucune raison que le fleuve coule dans une direction particulière.

À l'époque, La Fontaine ne pouvait pas exprimer sa philosophie de façon mathématique. C'est pour cela qu'il recourt à la fable. Il nie l'écoulement du fleuve. Il nie l'existence d'une flèche au temps.

Il le fait dans les deux changements opérés par rapport à Phèdre. Il signale que ce n'est pas le père qui a médit du loup, mais son frère. Le père de l'agneau a parfaitement pu légitimement médire du loup par le passé — si le temps existe tel que nous le connaissons —. La Fontaine, lui, remplace le père, par le frère. Si le temps n'existe pas, il n'y a pas besoin d'un père pour maudire du loup, n'importe qui — ton frère, ton contemporain, qui, lui, n'existait pas l'an dernier — a médit du loup. Parce que la malédiction est éternelle, elle ne s'est pas passé l'an dernier, elle était là de toute éternité. Chaque agneau, toujours, a médit du loup.

Mais la preuve décisive de la volonté de La Fontaine de nier le temps dans sa fable est dans la moralité. Il la place au début. Il prétend que nous l'avons déjà entendu « tout à l'heure », ou que nous allons l'entendre. C'est volontairement que la formulation est confuse. Parce que nous l'avons toujours entendue. Nous l'avons entendue chez Phèdre, nous l'avons toujours sue : la raison du plus fort est la meilleure.

Borges a écrit « Nouvelle réfutation du temps ». Ce titre est une forme de plaisanterie. Mais c'est dans ce texte que Borges nous rappelle qu'Héraclite nie l'existence du temps avec son fleuve, où nous ne nous baignons jamais deux fois.

C'est aussi dans ce texte que Borges prétend que chaque auteur est tous les auteurs à la fois. Borges argumente que La Fontaine, Phèdre, et le futur physicien qui prouvera la non-existence du temps sont tous le même individu.

MA SORCIÈRE BIEN-AIMÉE (ABC, 1964-1972)

Les débuts d'un personnage bien sombre

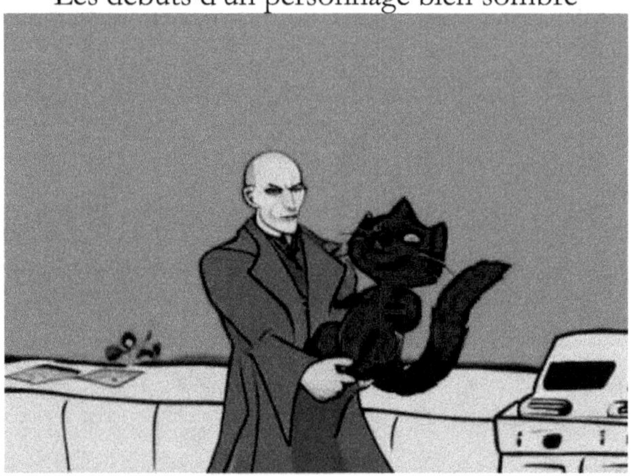

Dans l'épisode trente-trois de la première saison diffusée vers 1965, le mari de la sorcière désire se rendre chez un chirurgien esthétique. Il veut changer la forme de son nez. Tout cela parce que, la sorcière, sa femme Samantha lui a fait une remarque ironique et moqueuse à propos de l'aspect de son appendice.

Le personnage du mari s'appelle Jean-Pierre. Pourtant dès le début, et au cours des huit saisons de la série, la mère de Sam, Endora, ne l'appelle jamais par son nom. Elle le désigne par la locution : « Quel-est-son nom ? » Sur les centaines d'épisodes de la série, Endora ne prononcera pas une seule fois le nom de « Jean-Pierre ». C'est censé être un effet comique pour signaler le peu de cas qu'elle fait de cet humain. C'est surtout la raison pour laquelle Jean-Pierre choisira un nom étrange quelques années plus tard : « Celui que l'on ne doit pas nommer ».

Car cet homme heureux, ce Mogul (qui a épousé une sorcière) va disparaître. Lors de la saison cinq, Samantha le quitte pour un autre homme. L'acteur change. Le remplaçant ne ressemble pas du tout à l'ancien acteur. Comme souvent dans ces vieux sitcoms, Samantha prétendra que son nouveau mari est le même Jean-Pierre. Elle utilisera un sortilège destiné à faire croire à leurs amis qu'il s'agit du même homme. Ce second Jean-Pierre ne ressemble pas du tout au premier. Il l'a pourtant remplacé dans le cœur de Samantha.

Le vrai Jean-Pierre est choqué par cette trahison. Fou de tristesse, il décide de se venger. Grâce à ces nombreuses connaissances parmi les sorciers, il commence à apprendre la magie. Il devient à son tour un sorcier puissant et redouté.

Pourtant alors qu'il étudie la magie, en se focalisant sur les sorts néfastes afin de mener à bien sa vengeance, il rencontre une autre jeune femme. Il en tombe amoureux. Malheureusement Lili Evans lui préfère James Potter. C'est la déception de trop. Il la tue ainsi que son mari, et jettera un sort sur leur nouveau-né.

Finalement, il fera cette opération, qu'il avait envisagée en 1965. Il se fera refaire le nez. Par ironie, dégoût de soi, ou provocation, il se le fera ôter complètement. Tout cela parce que la « sorcière bien-aimée » a trahi un Mogul.

MAD MAX, LA ROUTE FURIEUSE (GEORGE MILLER, 2015)

Une fin désespérée

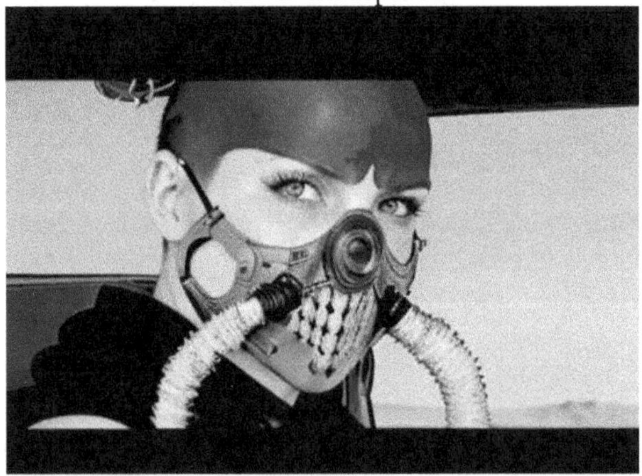

Aucun détail de l'avant-dernier Mad Max (Fury road, la route furieuse) n'est l'effet du hasard. La chaîne, qui retient Mad Max au Garçon de guerre, sert d'arme dans le combat avec Furiosa, puis accroche l'arbre qui sert à désembourber le camion.

L'arbre mort, et les animaux étranges, autour, servent de signe avant-coureur sur ce qu'il est advenu de « l'endroit vert ». Le décompte des munitions et des quatre balles du gros flingue est essentiel, quand il s'agit de tirer sur « Gros Pied ».

Les femmes du Harem ont chacune une fonction nécessaire à l'histoire, l'une trahit, l'une sert de motivation à la colère d'Immortan Joe, l'une retourne un ennemi, la dernière prie.

Chaque détail compte ; le plus important est sans doute ce que fait Max. Max, de tout le film, ne fait que deux choses : il conduit et… il dessine une carte.

Car ce qui est important dans Mad Max est de savoir où se déroule l'action.

Parce que ce n'est que si l'on sait où le film se déroule que l'on peut comprendre tout ce qui se passe à la fin, et surtout ce qu'il s'est passé avant.

Parce qu'Immortan Joe (L'immortel Joe, en français) est présenté comme un être sensible. Il ne vend pas l'eau aux mendiants, il la donne, en abondance, par pure bonté d'âme. Il prévient qu'il ne faut pas devenir dépendant. Plus tard, il manque mourir pour éviter de blesser une des femmes.

C'est important.

Revenons à l'endroit ou situe la forteresse d'Immortan. Furiosa, dans sa toute première phrase déclare qu'elle met « cap à l'Est ». Parce que le lieu est important, c'est aussi pour cela que la seule activité de Max consiste à dessiner une carte.

Furiosa part donc à l'Est. Après plusieurs heures (1 journée), elle se retrouve devant le désert de sel.

Dans ce monde apocalyptique, où l'eau a disparu, un désert de sel ne peut être qu'une seule chose : un ancien océan désormais asséché.

Nous savons donc que la citadelle se trouve à l'ouest (puisqu'elle est partie à l'Est) d'un ancien océan.

Nous ne sommes donc pas aux États-Unis comme on aurait pu le croire.

Le seul Océan où les personnages peuvent rouler pendant 160 jours sans voir une terre (sans sortir du désert de sel) est le Pacifique. Si le désert se situe à l'Est, c'est donc que Furiosa part d'Afrique.

Le propos du film devient clair. La citadelle se trouve à portée de vue d'une raffinerie. Le pétrole abonde ici. Le dictateur possède un harem, il vêt ses femmes de voiles. Nous sommes au Moyen-Orient. La citadelle se trouve sur une montagne. Elle n'est pas nommée dans le film, elle s'appelle Alamut.

Alamut est le nom de l'autre citadelle où régnait le « vieux de la montagne» (Immortan possède aussi un nom qui évoque un âge vénérable).

Alamut : repaire de la secte des « Haschischins » qui se jetaient du haut de ses murailles sur un simple ordre pour rejoindre le paradis (« Sois témoin »).

Les Assassins étaient drogués au Haschich, comme les « garçons de guerre» le sont à la bombe aérosol, avant de se suicider.

Immortan Joe, le vieux de la Montagne, est un héros. Il fait le bien, fait vivre une communauté.

Le philosophe du milieu du XIXe, Alain, dans son essai « de la guerre » décrit une scène concernant Alamut. Les Croisés assistent au pouvoir du Vieux de la Montagne qui donne l'ordre à ses hommes de se jeter du haut de la muraille, juste pour prouver son pouvoir.

Alain déclare que le vrai pouvoir consiste à placer un homme entre l'obéissance absolue et la mort immédiate. Ce philosophe nous livre une information inutile à propos du pouvoir détenu par le vieux de la montagne. Ce qui compte, c'est que le pouvoir absolu détenu par le maître de la citadelle va (selon cet autre philosophe) le corrompre absolument.

C'est pour cela que Furiosa (un nom qui évoque plus la fureur que l'héroïsme) est acclamée à son retour à la forteresse.

Parce que, comme Immortan Joe, elle est charismatique et pétrie de bonne intention. Comme lui, elle finira un dictateur blessé avec ses propres excès. C'est pour cela que Max s'en va. Alamut, il connaît, il en a tracé la carte, il sait que rien ne résiste à sa corruption.

MADAME BOVARY (GUSTAVE FLAUBERT, 1856)

Un conte de fées

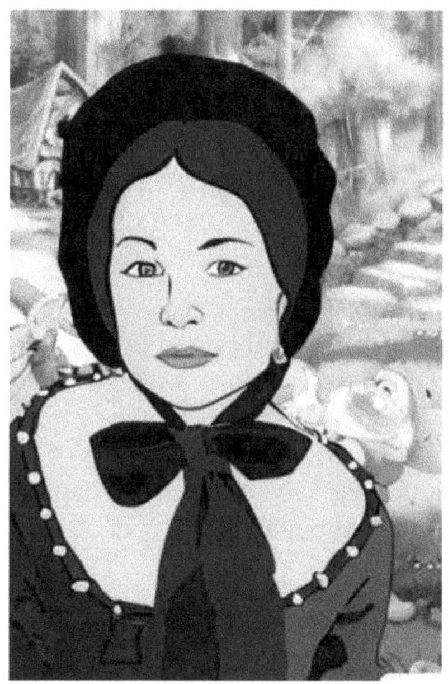

Flaubert n'a jamais créé le roman réaliste.

Flaubert a écrit des contes. De son recueil intitulé justement « trois contes», jusqu'à Bouvard & Pécuchet, qui n'est qu'une fable, en passant par Salammbô, cette épopée poétique, Flaubert vise au merveilleux, et il le fait avec ténacité.

Flaubert prétend que Madame Bovary est inspirée d'un fait divers bien réel. Dans le texte, l'auteur multiplie les détails précis, réels et très concrets. Flaubert a dépensé beaucoup d'énergie pour présenter son récit comme un fait réel. Cela même nous met en garde.

Si l'auteur veille autant à ancrer son roman dans la réalité, c'est parce que c'est tout le contraire.

Enfant, le jeune Flaubert a été exposé à un récit qui fait sensation depuis sa parution au début du siècle (1808) : les contes de Grimm. Ces contes ont tant d'influence sur l'enfant, qu'il ne veut plus que faire des choses semblables. Ce que, une fois adulte, il veillera à créer avec application.

Un conte en particulier marque le futur écrivain. Il décide d'en relater sa propre version. Mais pour s'écarter au maximum de la source, il décide d'en faire un récit très réel.

Comme Blanche Neige, Emma Bovary a la peau très pâle. Comme l'héroïne dans Grimm, ses cheveux sont sombres, et elle est très belle.

La scène qui révèle complètement l'influence du conte sur Flaubert et la scène de fin du conte. Chez Grimm, la violence ne s'encombre pas de délicatesse sous prétexte que le texte s'adresse à des enfants. Quand Blanche Neige épouse le prince charmant, elle invite sa marâtre au mariage. Quand la marâtre arrive, Blanche Neige, pour se venger, la force à porter des chaussures de métal chauffé au rouge et à danser jusqu'à sa mort.

Flaubert enfant a été terrorisé par cette scène. Il la reprend avec autant de violence dans son roman.

Charles prétend soigner le pied bot d'Hippolyte. Avec autant de détails, Flaubert décrit la découpe des tendons, puis la gangrène et la mort de ce personnage secondaire.

Toute cette scène du pied bot n'illustre rien. Elle ne fait pas avancer l'intrigue, elle ne qualifie pas mieux les personnages. Elle est cruelle sans raison. Cette scène est la redite par Flaubert de la mort de la marâtre dans Blanche Neige.

Mais ce n'est pas tout. Autour d'Emma Bovary, il y a beaucoup de personnages secondaires masculins. Combien ? Sept : Charles, Léon, Rodolphe, Homais, le pharmacien, Lheureux, le prêteur sur gages, Justin, le commis, et Binet, le percepteur. Mieux chacun de ces sept hommes est presque une caricature, Homais l'arriviste, Rodolphe le séducteur, Léon le manipulateur, Justin le simple, etc.

Ce que Flaubert n'a pas inclus dans sa réécriture, c'est un prince charmant. Son récit s'arrête quand Emma mange le poison (comme Blanche Neige mange la pomme empoisonnée).

Gageons que si le roman avait reçu un accueil favorable (au lieu d'un procès pour atteinte aux bonnes mœurs) nous aurions eu un tome deux avec le réveil d'Emma et l'arrivée du prince charmant.

LE MANUSCRIT DE VOYNICH (X, ENTRE 1400 ET 1830)

Voynich n'a pas écrit le manuscrit de Voynich

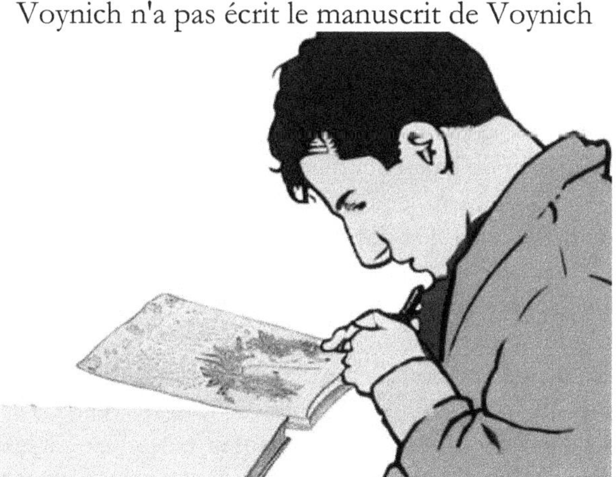

Les « solutions » concernant le contenu du manuscrit sont déjà apparues dans de nombreux ouvrages de fiction, et de non-fiction. Les Templiers, Shakespeare, les Francs-maçons, les Aliens et Da Vinci ont été pressentis comme auteurs du document, à chaque fois pour réaliser quelques obscurs complots.

Nous ne prétendons pas, ici, révéler le contenu du document. Mais en donnant des preuves concernant le véritable auteur, la nature du contenu en sera facile à déduire.

Plutôt que de répéter les nombreuses théories et interprétations sur le manuscrit de Voynich, ou même les circonstances, le plus souvent extrapolées de sa création, nous allons énumérer les faits véritablement prouvés à propos du document.

On remarquera que ces faits vérifiés sont parfois plus intrigants que le sensationnalisme dont on a entouré le document en l'attribuant à Roger Bacon ou à John Dee.

* Le document apparaît autour de 1930

Un certain Voynich — qui a donné son nom au manuscrit —, spécialiste d'œuvres anciennes, prétend l'avoir acheté.

* Le document est le seul écrit avant la Seconde Guerre dont le code n'a jamais été percé.

Après-guerre, l'équipe de cryptologie (qui avait percé le code allemand Enigma, grâce au début de la technologie informatique), a continué à travailler pour décoder les documents mystérieux existants. Ils ont décodé tout ce qui était suffisamment long pour pouvoir l'être. Sauf les cent pages du manuscrit de Voynich.

* L'alphabet unique du manuscrit suit les règles statistiques d'un vrai langage.

Si le texte avait été complètement aléatoire, il ne pourrait avoir les propriétés statistiques d'un vrai langage. Il ne s'agit pas d'un texte aléatoire : il y a une logique dans le texte.

* Le manuscrit est écrit sur du vélin (peau d'animal) dont la datation au carbone 14 confirme qu'il date du quinzième siècle.

C'est peut-être l'élément le plus important. Le vélin est ancien, mais il est impossible de dater l'encre, et donc la date à laquelle le manuscrit a vraiment été écrit.

C'est le fait le plus significatif. Il se trouve qu'il est relativement facile de se procurer du Vélin ancien. Même aujourd'hui, vous pouvez acheter du vélin datant du quinzième siècle ou même d'avant.

La personne qui peut le plus facilement acheter du vélin est sans doute un spécialiste des livres anciens. C'est en suivant ce raisonnement que l'ensemble du consensus actuel tend à faire de Voynich l'auteur du manuscrit.

Il aurait eu à sa disposition le vélin. Il pouvait espérer vendre un document ayant prétendument appartenu au célèbre Roger Bacon à n'importe quel prix.

Plusieurs choses font douter que Voynich ait forgé le document. D'abord, il n'a jamais particulièrement cherché à le vendre.

Certes, il a fait certaines déclarations contradictoires sur la façon dont il s'était procuré le document. Il a tenté de faire monter le suspens, en rappelant l'existence de lettres médiévales qui évoquent un mystérieux document, dont l'auteur est Bacon.

Mais considérons le temps nécessaire pour faire un tel faux : plus de cent pages d'un alphabet complètement inventé, et respectant les règles du langage. Cela ne s'improvise pas. Les nombreuses illustrations détaillées, présentes à chaque page, sont aussi la preuve d'un travail laborieux.

Certains spécialistes ont inventé des systèmes (à base de roue percée rotative) pour réécrire et prouver qu'il est possible de façon simple de faire un document ayant les propriétés du manuscrit. Ce qui est sûr, c'est que même si c'est possible, c'est un travail laborieux.

S'il est l'auteur, Voynich a utilisé un vélin onéreux, et a passé un temps non négligeable pour faire son faux. Mais Voynich n'a pas tenté de rentabiliser son investissement. Voynich n'avait sans doute ni le temps ni les connaissances (des propriétés du langage) pour faire un faux aussi abouti.

Pourtant le fait que le code ne soit pas percé indique sans doute que le code n'existe pas. Quelqu'un a donc écrit quelque chose qui ne possède aucun sens. Peut-être au quinzième siècle, plus légitimement — vu que le manuscrit n'apparaît pas avant — autour de 1930.

L'auteur du manuscrit possède assez d'énergie pour faire un document précis, bien que dénué du moindre sens. Cette personne n'a pas d'objectif pécuniaire. Elle ne vise pas à la célébrité. Car ni l'argent ni la célébrité n'ont particulièrement souri à Voynich.

Une personne avec un syndrome d'Asperger, où quelqu'un avec une forme d'autisme est le seul type de personne qui correspond à tous ces éléments.

On peut imaginer que Voynich a un neveu, ou un ami proche de sa famille atteint d'autisme. Soit qu'il lui laisse un vélin à disposition, soit que cette personne commence par lassitude à écrire sur un parchemin trouvé dans l'atelier de Voynich.

Le « code » du document a toutes les propriétés d'un vrai langage, parce que son auteur, doué, imite simplement ce qu'il voit. Il reproduit l'écriture à la façon étrange dont il la perçoit. Avec son intuition particulière, il assimile les propriétés statistiques d'un langage. Il ne sait pas écrire, mais il sait imiter ces propriétés. Il aime aussi dessiner. Il aime former de jolies cursives pour s'occuper. Il dessine les nombreuses illustrations du manuscrit.

En quelques semaines, il fournit à Voynich un document ayant toutes les propriétés d'un manuel alchimique. Peut-être s'est-il inspiré des livres antiques qu'il a observés dans la boutique de son oncle/parrain Voynich.

L'avantage de cette théorie, c'est qu'elle est relativement facile à vérifier : Voynich avait-il parmi ses amis, ou proches, quelqu'un qui est atteint du syndrome d'Asperger ? Probablement.

MATRIX (WACHOWSKI BROTHERS, 1999)

Matrix se passe dans une galaxie lointaine, très lointaine

Les problèmes que pose la Matrix sont insolubles. Pas de logique avec cette Intelligence artificielle qui s'alimenterait d'énergie humaine… pour le bien de l'humanité.

Quelle que soit la façon dont on envisage la simulation, l'oracle, Smith et l'élu, il existe toujours une réplique du film, ou un élément qui contredit ce que l'on croyait. Parce qu'il n'y a jamais eu de matrice informatique.

Il y a très longtemps dans une galaxie très, très lointaine, sur la planète « Scion », isolée, coupée du reste de la galaxie, l'Empire étend sa domination de façon complète. Des millions d'humains sont cryogénies. Des millions d'autres sont maintenus dans l'obéissance. La résistance s'organise péniblement. Deux Jedis, Morphéus et Destiny, se sont retranchés dans les égouts de la capitale. Là, ils recrutent une petite armée en dé-cryogénisant les humains les plus combatifs. Ils désirent renverser l'empire.

Leurs efforts sont vains. Mais, grâce à un vieux maître, Jedi, présent sur la planète (L'Oracle), ils apprennent que s'ils forment un jeune homme à la Force, celui-ci pourra libérer la planète. C'est l'Élu.

Comme Néo est un Jedi, balbutiant au début, puis accompli à la fin, son contrôle télépathique sur les sentinelles s'explique parfaitement. Toutes les prouesses physiques sont courantes pour des Jedis. Éviter des balles, voler sur quelques mètres est un effet de la télékinésie, le pouvoir principal donné par la Force. Il n'y a pas de simulation, juste quelques Jedis perdus luttant contre l'empire sur une planète périphérique.

Les Stormtroopers sur Scion n'ont pas besoin de masques cachant leur visage. Cette planète possède une atmosphère respirable. Comme la planète est isolée du reste de l'Empire, les Stormtroopers ne font plus de voyages spatiaux régulièrement, ils peuvent donc ôter leur armure. La vie des clones est facile sur Scion. Les clones, sans armure, se ressemblent encore tous les uns les autres. Ils ont pris le nom de Smith.

Seulement, si Néo et ses alliés arrivent à détruire la présence impériale sur leur planète, ce n'est pas sans payer le prix fort. Comme on peut le voir, Néo, use et abuse de son pouvoir immense. En l'absence de formation correcte, il a sombré du côté obscur de la Force. Il se croit le nouveau maître de la planète. Avec ce nouveau chef, assoiffé de pouvoir, les habitants regretteront bientôt la dictature impériale, et un peu bonhomme, des Smiths.

MÉTAMORPHOSES (OVIDE, IER SIÈCLE)

L'histoire de Dédale raconte l'apocalypse

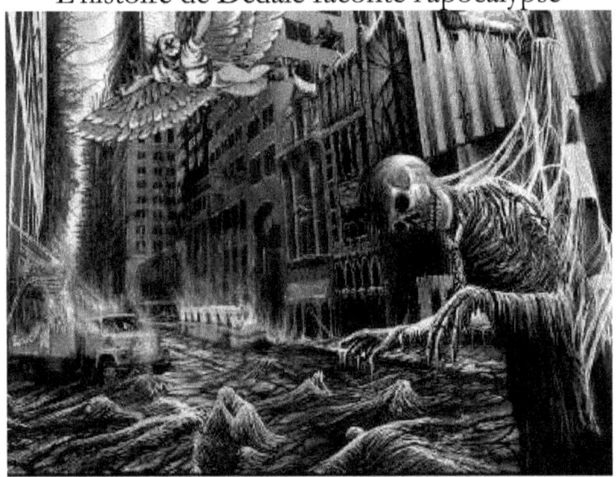

Dédale, le créateur du Labyrinthe, a laissé son nom à l'étrange édifice qui est à la fois une maison et à la fois un piège mortel.

L'histoire de Dédale commence, pourtant, avant que Thésée n'affronte le Minotaure. Son histoire continue quand son fils, Icare, meurt.

L'histoire de Dédale comprend les personnages les plus célèbres de l'antiquité. D'Homère, nous nous rappelons uniquement son héros Ulysse, et peut-être le Cyclope. Mais Dédale, lui, partage la vedette avec Icare, Minos, le Minotaure, Thésée, Ariane. L'histoire de Dédale est si mémorable parce qu'elle touche à notre mortalité en tant qu'espèce.

Minos, le roi de Crête dans la légende est devenu à sa mort, le juge de l'Enfer. Ce n'est pas par hasard.

Minos est le premier employeur de Dédale. C'est à lui qu'il demande la création du Labyrinthe. Mais auparavant, Minos lui fait passer un entretien d'embauche.

C'est la première histoire connue de Dédale. Minos cherche un ingénieur. Il propose le poste à qui passera un fil depuis l'ouverture jusqu'à la sortie d'un coquillage de mer sans le briser. Tous les candidats échouent.

Puis Dédale se présente. Il attache un fil à la patte d'une fourmi qui traverse le coquillage et Dédale obtient le poste d'ingénieur pour Minos.

Nous constatons que le fil servant à arriver au bout d'un parcours compliqué est présent avant même que le Labyrinthe soit construit.

Minos n'est pas encore juge des Enfers ; il est juste Roi. Et il aime faire sentir à ses sujets sa puissance. Quand la population admire l'intelligence de Dédale pour l'exploit du coquillage, le roi prend le fil de chaque côté. Il tire dessus, brisant le coquillage.

C'est la première destruction.

Parce que tout ce que touche Dédale doit être détruit. Le coquillage représente la mer et l'eau. La première destruction touche tout ce qui se trouve dans cet élément.

Nous savons déjà où se déroule la dernière destruction liée à Dédale : dans l'air.

Plusieurs choses sont détruites après que Dédale enferme le Minotaure dans le labyrinthe. La plus évidente, c'est le taureau à corps d'homme, tué par Thésée.

C'est la destruction du règne animal.

Puis c'est la destruction des hommes. Thésée rentre chez lui et oublie de mettre des voiles blanches pour annoncer son succès. En croyant son fils mort, le père de Thésée saute de la falaise.

C'est la destruction du règne humain.

Vient la dernière destruction. Sans doute la plus dure, pour l'auteur, à justifier. Minos enferme Dédale avec son fils dans son propre Labyrinthe pour le punir de n'avoir pas pu empêcher la mort du Minotaure.

Dédale fabrique des ailes. Des plumes collées avec de la cire d'abeille, pour que l'on comprenne bien qu'il s'agit de l'air dont la fable parle. Les oiseaux et les abeilles.

Icare monte trop près du soleil, et lui aussi s'écrase.

À cause de Dédale, tout ce qui est dans l'Eau est détruit, ce qui est sur Terre, les hommes et les bêtes sont détruits, ce qui est dans l'Air est détruit.

Dédale ne devrait pas donner son nom à un labyrinthe. Le labyrinthe n'est qu'une construction accessoire dans l'histoire, au mieux, le symbole de la Terre, comme le coquillage représentait l'Eau. Dédale devrait donner son nom à une bombe atomique. La prochaine qui sera assez puissante pour tout détruire.

LES MINIONS (ILLUMINATION ENTERTAINMENT, 2015)

Les Minions n'ont jamais trouvé Gru.

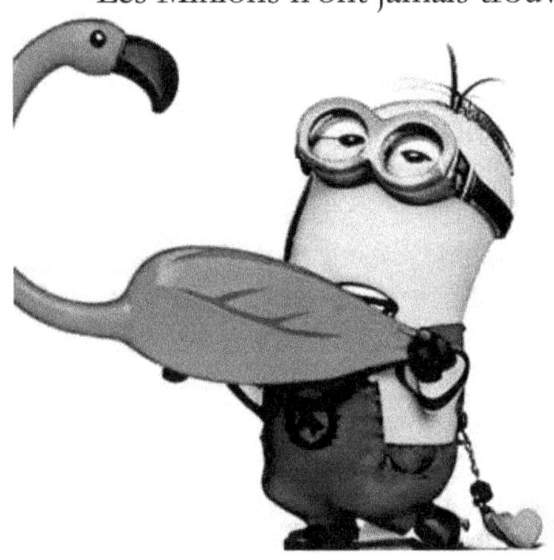

Il y a beaucoup d'incohérences dans le film qui met en scène les Minions. Rappelons-nous : dans le premier opus « Moi, moche et méchant », Gru a fabriqué les Minions à partir de grains de maïs et avec l'aide du professeur. Ce n'est pas une espèce spontanée, née pour servir ; ils ont été construits ainsi par Gru.

Le film montre directement cette incohérence au début. Il le fait de façon explicite, en multipliant les indices : Kevin est en train de rêver. Et c'est une fille.

Le film commence quand Kevin décide de pourchasser quelque chose, une idée, rien de plus. Trouver un maître, dit la voix off. Nous comprenons qu'il ne s'agit que d'un rêve. Kevin est pressé de partir, Kevin pourchasse un lapin blanc.

Kevin est une fille, parce que tout le film est, scène pour scène, une relecture d'Alice, la rêveuse du pays des merveilles

Le premier indice du rêve est ce classique, que chacun a déjà éprouvé en dormant : la terreur irrationnelle de parler en public. Kevin lit ses fiches, mais personne ne réagit. Sans que l'on sache pourquoi, elle lâche ses fiches. Soudain, son discours galvanise. Parce que c'est un rêve (pas un cauchemar), la terreur se résout d'elle-même.

La preuve formelle qu'il s'agit d'une évocation du fameux livre de Lewis Carroll se situe vers la fin du film. Comment Kevin survit-il sans dommage à une explosion provoquée par un missile ? Tous les Minions le croient mort, parce que l'explosion est énorme.

Kevin était géant, l'explosion l'a rendu petit, de nouveau. Tout comme Alice a bu la bouteille pour rapetisser.

Le film n'explique pas la présence de cette machine à devenir géant. On a vu d'autres gadgets, mais aucune mention d'un gadget aussi improbable. Il aurait pourtant été pratique pour voler la couronne. Cette machine miraculeuse, qui apparaît dans le film sans d'autres raisons que de faire avancer l'histoire, Kevin l'active par erreur après plusieurs mouvements gauches.

Ce n'est pas Kevin qui est gauche pourtant ! Depuis le début, c'est Bob, à qui les accidents arrivent. Kevin finit d'activer la machine en soufflant dans un trou. Drôle de mécanisme d'activation, qui n'est là que pour rappeler à quoi cela sert de grandir et de rapetisser : passer par un trou. Comme Alice, qui découvre un trou trop étroit dans le mur et doit changer de taille pour poursuivre le lapin blanc.

Mais tout le film rappelle régulièrement l'original. La scène sans justification ni raison, des Minions jouant au polo sur des chiens, sert à signaler Alice jouant au cricket avec des flamants roses.

Le personnage sans raison de l'aveugle gardant la couronne royale ne sert qu'à évoquer la taupe avec qui Alice boit le thé.

La reine ! Tout le film concerne la reine, la vraie, et la méchante. La voleuse ne désire pas juste voler la couronne pour sa valeur, elle la désire pour devenir reine. Cela n'a aucun sens, la propriété de la couronne ne donne pas le titre. Mais c'est parce que la voleuse est l'ennemie de Kevin. La voleuse doit être reine parce qu'Alice et la reine de cœur sont ennemies.

Les Minions ne sont pas incompétents. Les Minions ne tuent pas leurs maîtres par erreur.

Dans « Moi, moche et méchant », les Minions forment une chaîne humaine en quelques secondes pour sauver Gru d'une chute mortelle. Les Minions sont efficaces.

Le film ne parle pas des Minions. Le film est un rêve. Le rêve de Kevin. Il s'est endormi quand Gru a raconté l'histoire aux trois orphelines dans le tome un pour les endormir.

Tout comme Alice s'était endormie et s'était mise à rêver.

MOI, MOCHE ET MÉCHANT (UNIVERSAL PICTURE, 2010)

Un traité d'économie politique

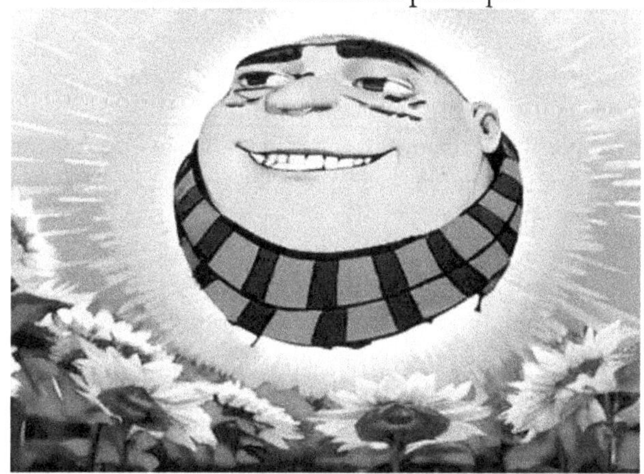

Les Minions sont les vraies stars de « Moi, moche et méchant » (« Despicable Me » en Anglais). L'importance de leur rôle est telle que le second opus a créé des scènes, non nécessaires à la compréhension de l'histoire, juste pour mettre les Minions en avant. Plus tard, un film (« Les Minions », nous en parlons dans ce traité) leur est entièrement consacré.

Les Minions — D'après le schéma visible sur l'arrière-plan dans le laboratoire de Gru — sont des créations de manipulation génétique à partir de grains de maïs. C'est une trouvaille à la fois amusante, puisque cela explique leur forme et leur couleur. À la fois, le premier indice de l'intention politique du film : Une compagnie très critiquée utilise la manipulation génétique sur le maïs pour accroître la production.

Ce qui est important c'est que les Minions sont nombreux, travailleurs et tous très ressemblants les uns aux autres. Si l'on veut savoir à quel stéréotype ils correspondent, nous pouvons ajouter qu'ils sont tous jaunes.

Les minions sont la représentation caricaturale des Chinois. C'est pour cela qu'ils se distinguent par d'immenses yeux ronds avec des lunettes. Parce que, comme les Chinois, leur particularité morphologique principale (si nous souhaitons caricaturer) est la forme de leurs yeux.

C'est parce que les Minions représentent des Chinois que Gru parle avec un fort accent russe.

Gru est russe. Il travaille avec les Minions/Chinois. Leur relation de travail est basée sur la confiance, le respect et la complicité (Gru connaît le nom et la vie de chacun de ses employés, et ceux-ci l'adorent).

Tout ceci est une représentation idéalisée du défunt bloc communiste de l'Est.

Cela semble exagéré ? Non ! Le réalisateur du film affiche ses intentions : l'ennemi de Gru est le fils du banquier de la Banque du Mal (« anciennement Lehman Brother », cette banque bien réelle, et devenue célèbre par sa faillite lors d'un scandale emblématique du capitalisme effréné).

Le film est un commentaire sur l'affrontement entre le communisme Marxisme et le Néo-capitalisme. Les néo-capitalistes détruisent les œuvres d'art (Pyramides) tandis que les communistes tentent encore de conquérir la Lune.

Dans cette carte simplifiée du monde économique, les trois petites orphelines recueillies par Gru cadrent mal. Nous constatons qu'elles sont d'abord peu convaincues par le modèle économique de Gru. Elles ont de bons échanges commerciaux avec le monde capitaliste : elles vendent des quantités importantes de cookies pour le profit.

Elles sont toutefois aliénées par la directrice de l'orphelinat, qui les exploite pour son bénéfice personnel. C'est à cause de cette exploitation patronale que les orphelines rejoindront le bloc communiste au milieu du film, et feront confiance à Gru.

Alors, quels pays, ou entités représentent Édith la combattante, qui aime les armes, Agnès l'innocente passionnée de licorne et Margo l'intelligente ?

Nous l'ignorons. Mais le lecteur trouvera plusieurs interprétations géopolitiques possibles. Mais ce qui importe, c'est que le film, contre toute attente, a eu un succès critique et populaire. Sans doute parce qu'il y a quelque chose de séducteur dans un régime communiste idéaliste — même quand il fait le mal — s'il a pour objectif de combattre les forces froides du grand capital.

LE MONDE DE NEMO (PIXAR, 2003)

Le monde de Nemo n'existe pas

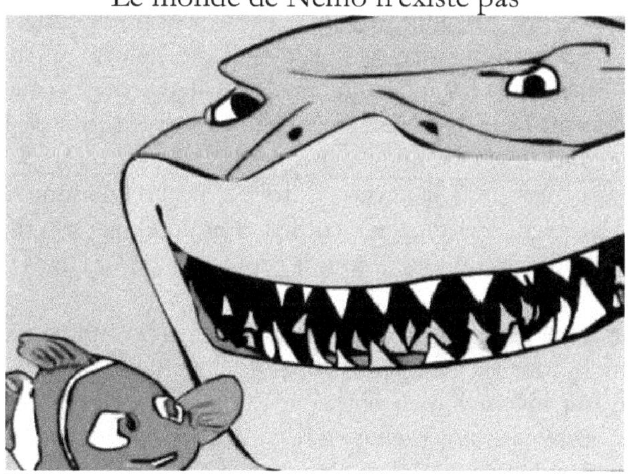

Le capitaine Nemo, de Jules Verne, parcourt les mers et coule les navires anglais. Il se venge. Parce que sa femme est morte tuée par l'envahisseur anglais durant les manifestations de Bombay. Le capitaine Nemo a perdu sa famille. Il consacre sa vie à sa vengeance sous-marine.

Nous observons un parallèle entre le roman de Verne et le film : mort de la femme du héros ; aventures sous-marines ; destiné à la jeunesse. Mais, ce n'est pas de Jules Verne que vient le titre du film.

Parce que, dans le roman du père de la science-fiction, le capitaine Nemo choisit ce nom pour faire référence à un mythe bien plus ancien. Un mythe si important que de nombreuses œuvres modernes y puisent leurs références.

Nemo, en grec (et c'est pour cela que le nom ne prend pas d'accent alors qu'il se prononce « Némo ») signifie « Personne ». C'est le nom que prend Ulysse quand il est prisonnier du Cyclope Polyphème. Il choisit ce nom parce qu'il prévoit de faire du tort au géant et ne désire pas être tenu responsable. C'est exactement comme cela que ça se passe : il crève l'œil du Cyclope. Celui-là alors se plaint à son père, Zeus, que « Personne » lui a crevé l'œil.

Si Nemo se nomme « Personne », c'est parce que son père, Marlin, ne cherche « Personne ». Parce que « Personne » n'a été enlevé et mis dans un aquarium. Rien de cela ne se passe.

Il y a une improbable coïncidence qui réunit les personnages du film. Nemo a la nageoire droite abîmée. Gill, le chef de l'aquarium où il est emprisonné, a la nageoire droite abîmée. Dory, le poisson sans mémoire aide le père, puis elle se blesse à la nageoire droite.

Le cas de Dory est le plus significatif parce que c'est celui où l'on assiste à la blessure. Dory se fait piquer par des méduses. Elle en meurt.

La blessure à la nageoire droite est le signe que le personnage est mort. Dory meurt en tentant d'aider Marlin. C'est le seul poisson qui aide Marlin parce qu'elle n'a pas de mémoire, elle croit réellement à l'existence de Nemo/Personne. Tous les autres animaux de la barrière de corail savent que Marlin est devenu fou. Ils savent que Nemo est mort lors de l'attaque du barracuda, qu'il n'y a « Personne » à trouver.

Dory meurt (blessure à la nageoire droite). Marlin continue de prétendre qu'elle est vivante et l'accompagne, comme il prétend que son fils est vivant. Comme il prétend que son fils est sous la protection de Gill dans un aquarium à Sydney.

Il invente toute l'histoire. C'est pour cela qu'il en est un héros courageux. Dans sa version, tous les autres poissons, à la fin, racontent ses « aventures ». C'est Marlin qui invente. Bien entendu, il affronte et vainc les requins, il échappe aux bombes et aux méduses. Il sauve son fils.

Marlin est fou de tristesse. Il ne s'est jamais remis de la mort de sa famille.

C'est pour cela qu'il s'appelle « Marlin ». C'est pour faire référence au magicien de la Table Ronde « Merlin ». Le magicien est particulier parmi les magiciens célèbres.

C'est le seul qui soit réputé pour sa folie, qui l'oblige à errer dans les bois sans buts dans la légende. Marlin erre sans buts du début à la fin du film. C'est un film très triste.

LE MONDE DE DORY (PIXAR, 2016)

Un message politique

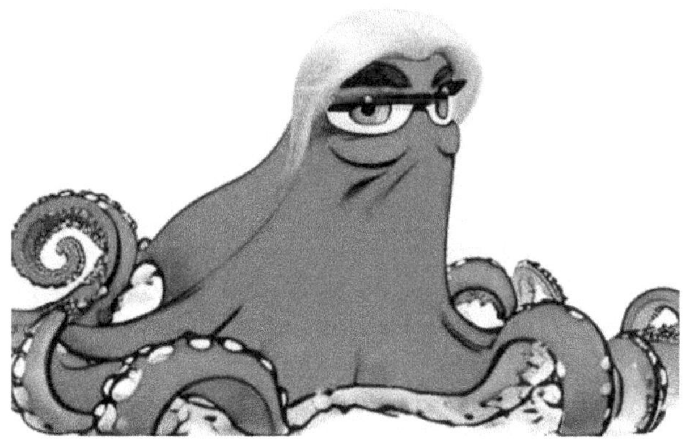

Après « le monde de Nemo », on peut s'étonner légitimement que la suite, « le monde de Dory » qui met en avant le personnage le plus attachant du film précédent, soit un semi-échec.

L'histoire est pleine d'émotion comme la première. En fait, tout le film est une redite du premier. Juste, le personnage central est changé, c'est Dory en place de Marlin.

Comme dans le premier film, il s'agit d'être réuni avec sa famille. Comme dans le premier, il s'agit d'accepter que ceux auxquels on tient prennent des risques (Marlin doit faire confiance à Nemo dans le premier film, ici à Dory). Comme dans le premier, il y a des personnages hauts en couleur, qui aident le héros. Dory, Gils, les tortues, et même les requins aident Marlin dans le premier film ; ici, il s'agit d'Hank, de Destiny et de Bailey.

L'histoire comporte, plus d'action, moins de temps morts, une charge émotive plus forte, avec la pauvre enfant qui ne se souvient de ses parents que par flash-back. Tout est mieux que dans le premier film : les cascades, l'émotion, les images, l'action, les personnages secondaires... pourtant le film est moins bon.

Pourquoi ?

Parce qu'il se passe en Californie.

Ou plutôt, pourquoi un poisson-clown de la grande barrière de Corail australienne se retrouve-t-il de l'autre côté du Pacifique, en Californie ? Dans le premier film, pour rejoindre Sydney tout proche, Marlin passe par les pires épreuves ; ici, il traverse une distance cent fois plus longue en moins de temps.

Pire, le film n'a aucune raison de se dérouler en Californie. Puisque tout se passe dans un aquarium, qui peut être n'importe où : en Australie, en Asie, ou en Amérique.

Mais les auteurs tenaient à ce que le film se passe aux États-Unis. Ce n'est pas une volonté marketing. Le premier film a très bien marché en étant situé en Australie. La localisation américaine de l'histoire est une volonté des scénaristes : une volonté politique.

Le film se déroule aux USA, parce qu'il s'agit d'un commentaire sur les élections à venir (à l'époque de la création du film) entre Donald Trump et Hillary Clinton.

Pour cela, Hank ne veut pas sortir de l'aquarium ! Il se ferme à l'extérieur. Pour cela, Destiny se heurte à un mur : le mur que Donald Trump dès le début de sa campagne a promis de construire pour empêcher l'émigration du Mexique.

Les scénaristes étaient terrorisés par les élections à venir. Le personnage de Dory est doublé en VO par Ellen De Generes. De Generes est une célèbre animatrice de télévision. Elle est homosexuelle, et socialement très engagée à gauche.

Le film tente de nous faire comprendre que Trump ne doit pas passer.

Hank, d'abord méchant parce qu'il veut rester enfermé dans le « paradis », doit apprendre à s'ouvrir aux autres, et sortir de la Californie. Destiny franchit le mur.

Pour cela, les parents de Dory sont à l'extérieur de l'aquarium ! Le film promeut l'ouverture des USA à la culture étrangère. Il n'y a plus de requins dans ce film, parce que l'extérieur ne doit plus être un endroit dangereux.

Dans ce film, il ne faut surtout pas avoir peur de l'extérieur. Et Hank finira par sortir de l'aquarium, comme Destiny et Bailey.

Mais l'insistance des scénaristes à identifier l'aquarium avec les USA et la mer avec l'étranger ne s'arrête pas là. À la fin du film, en chute comique, de pauvres poissons sales et affaiblis sont recueillis par les USA. Le message est encore évident, le pays doit accepter les réfugiées et les aider.

La fiction s'encombre mal de messages politiques. Même ceux pétris de bonnes intentions. C'est pour cela que le monde de Dory (pourtant bien meilleur techniquement que son prédécesseur) plaît moins au public. On regarde des films pour se changer les idées. Pas pour être ramené à notre triste réalité.

THE MYST (FRANK DARABONT, 2007)

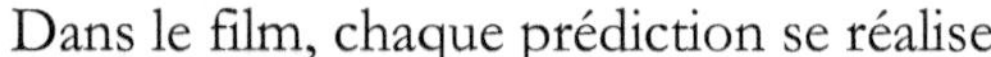

Dans le film, chaque prédiction se réalise

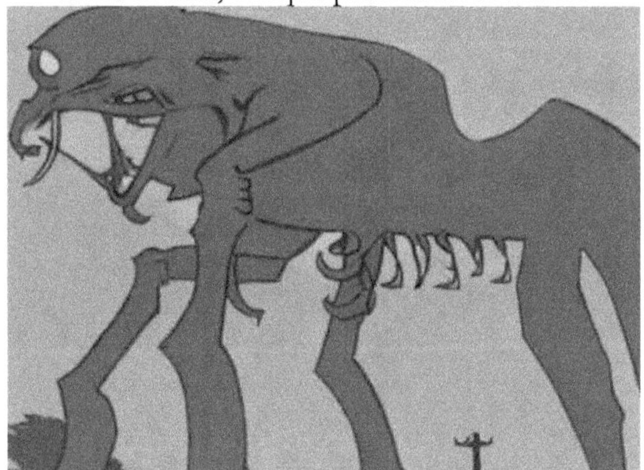

Dans le film de Frank Darabont de 2007, inspiré de la nouvelle du même titre de Stephen King, tout se réalise selon un plan précis.

La fin du film (que King préféra à sa propre fin) est annoncée dès le début. Parce que toute l'histoire est à la gloire de Mme Carmody.

Quand tout le monde prend conscience que sortir du supermarché revient à s'exposer à une mort certaine aux griffes de créatures innommables, Mme Carmody commence son prêche.

Mme Carmody prie le seigneur parce que la situation est désespérée. Carmody reproche aux habitants leurs péchés. Elle prétend qu'ils ont attiré sur eux les monstruosités parce qu'ils ont rejeté le divin.

Mme Carmody, du début du film, jusqu'après sa mort, aura toujours raison contre le héros et ses amis. Malgré sa folie, son fanatisme, et son manque de compassion, Mme Carmody est celle qui a toujours, toujours raison.

Après la disparition de la première victime, Carmody annonce que quelqu'un mourra durant la nuit. Les autres se moquent d'elle. Ils rappellent qu'elle est connue dans le village pour son excentricité. On sous-entend même qu'elle est un peu limitée. Carmody ne se trompe pas. Durant la nuit, quelqu'un meurt, et le monstre-tueur, une espèce de scorpion volant, épargne Carmody.

Quand David Drayton, le héros, propose de sortir du supermarché pour chercher des médicaments, elle prévient que cela va mal finir et que l'expédition va attirer des créatures. L'expédition se passe mal. Des créatures sont attirées. Encore raison.

Carmody propose de sacrifier un des militaires dont on vient d'apprendre qu'ils sont responsables de l'arrivée des monstres. Quand le militaire est donné en pâture à une espèce de crabe géant, le calme revient dans le supermarché.

Elle annonce que la nuit sera calme et que le lendemain il faudra de nouveau envisager un prochain sacrifice. La nuit est calme.

Mais la prédiction la plus importante de Mme Carmody se déroule dans les dix premières minutes, quand les personnages trouvent tous refuge dans le supermarché.

Le supermarché subit une espèce de long tremblement de terre. Carmody annonce qu'ils sont tous désormais en enfer. Elle annonce, aussi, qu'il faudra faire comme Abraham, et être prêt à sacrifier son propre fils pour apaiser Dieu.

À la fin, c'est ce qui se passe. Le héros David s'est échappé dans une voiture avec son fils et ses alliés.

Mme Carmody a été tuée. Elle s'effondre les bras en croix, une balle dans la tête. Sa position en croix, soulignée par un très long plan fixe qui la montre en entier, le sang à son front et à son cœur ne laisse aucun doute sur l'évocation que le personnage représente : le Christ crucifié.

David s'est échappé, il a fait quelques kilomètres. La voiture n'a plus d'essence, les monstres se rapprochent. Il utilise les dernières balles du revolver pour tuer son propre fils, avant que les monstres ne fassent subir à son enfant un sort encore pire.

Une fois que le père a sacrifié son fils, l'armée apparaît, et sauve la ville.

C'est du moins ce qu'il semble.

C'était juste la seconde prédiction de Carmody : en sacrifiant son fils, on apaisera Dieu.

Mais ce n'est pas tout. Elle a aussi prévenu qu'ils étaient désormais tous en enfer.

C'est bien là où ils sont. La brume n'est pas un portail vers un autre monde démoniaque qui a attiré des bestioles de l'enfer. La brume a transporté le supermarché et toute la région dans les enfers.

C'est pour cela que l'armée ne surgit pas de l'extérieur, mais de la base située au-dessus de la ville ; c'est pour cela que Mme Carmody a prévenu qu'ils étaient en Enfer. C'est pour cela qu'il y a eu l'étrange tremblement de terre au début. Ce n'était pas un tremblement. C'était le déplacement de la région à travers la brume vers l'Enfer.

Toute la ville, l'armée, les habitants survivants n'ont aucun espoir : ils sont tous sur un monde hostile et démoniaque, en Enfer.

LES MYSTÉRIEUSES CITÉS D'OR (STUDIO PIERROT, 1982)

Le dessin animé annonce la fin du monde pour le vingt-deuxième siècle

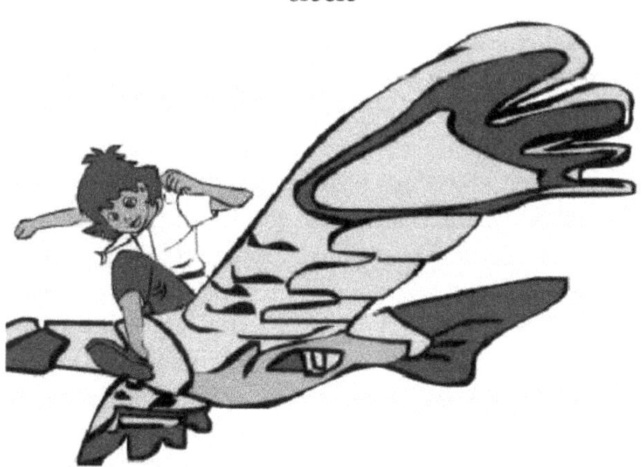

À la toute fin du dessin animé, « les mystérieuses cités d'or », Esteban, Zia et Tao trouvent la cité d'or. La première. Elle disparaît au cours d'une explosion évoquant un cataclysme nucléaire. Les trois amis en réchappent, ils partent alors pour la Chine afin de trouver la seconde cité d'or.

Cette fin particulièrement violente — mais chaque épisode l'est aussi — pose plusieurs questions. D'abord, pourquoi la seconde cité d'or, prétendument une construction inca, se situe-t-elle en Chine ? Pour répondre à cela, il faut considérer une autre question peut-être plus simple : pourquoi la cité d'or est-elle détruite ?

En posant cette question, un fait inquiétant nous interpelle : chaque temple que visite Esteban est détruit à la fin de l'épisode. Chaque épisode relate la visite d'une ancienne construction inca. Puis les deux personnages comiques de la série, Sancho et Pedro, déclenchent un piège qui provoque la destruction du temple. À chaque fois !

Sancho et Pedro sont de simples boucs émissaires. En réalité, à chaque fois, c'est Esteban qui détruit le temple. C'est Esteban qui détruit la cité d'or à la fin. Il part en Chine détruire la seconde, et il détruira ainsi chacune des sept cités d'or. Il est venu pour cela.

Si l'on observe Esteban, le fils du Soleil, on constate que c'est un cas unique dans l'histoire des personnages héroïques. Certains ont une force prodigieuse, d'autres sont rusés, certains sont des chevaliers, ou chevauchent les dragons. Esteban possède et contrôle le grand Condor. L'oiseau métallique géant qui transporte les héros partout en Amérique du Sud.

Aucun récit, aucune mythologie n'utilisent les oiseaux comme monture. L'oiseau est plutôt l'ennemi. Les Harpies sont des femmes à ailes d'oiseau. Sindbad utilise bien l'oiseau Rock pour descendre d'une montagne. Mais durant cet épisode, Rock tente vigoureusement de se débarrasser de son cavalier.

L'idée de chevaucher un oiseau est rare. En fait, l'unique récit présentant une monture semblable est le Mahâbhârata : l'histoire légendaire de la descente sur la terre du dieu Vishnou.

Vishnou chevauche l'oiseau Garuda. Vishnou s'est réincarné sous six avatars, les derniers étant Krishna, puis enfin Rama. Krishna vit dans une ville aux nombreux trésors, cette ville se nomme Dvârakâ. De cette capitale, qui sera détruite quand Krishna la quittera, on disait, en raison de la couleur de ses murs, que c'est la « cité d'or ».

De même qu'il y a sept cités d'or, il y a sept avatars de Vishnou.

La légende indienne nous signale que le septième avatar n'est pas encore venu. Il viendra à la fin des temps pour purifier le monde, il s'appellera Kalki. Kalki signifie le destructeur de l'obscurité. Si une chose détruit l'obscurité, c'est la lumière. Le soleil. La façon positive de traduire ce nom pourrait être « fils du Soleil ». Esteban est la septième incarnation de Vishnou.

C'est pour cela qu'il détruit chaque temple qu'il croise. C'est pour cela qu'il fait exploser la cité d'or qu'il a tant cherchée.

Chevauchant son oiseau, comme Vishnou chevauche Garuda, il détruira chacune des sept cités d'or, qui sont des symboles des continents. La première représente l'Amérique du Sud. La seconde est en Chine parce qu'elle représente l'Asie.

Quand il aura tout détruit, ce sera la fin de notre monde.

Dans le mythe indien de Vishnou, l'arrivée de Kalki est annoncée très précisément. Kalki apparaîtra, quand la Lune, le Soleil Vénus et Jupiter se trouveront dans le même cadran céleste.

En 2012, la seconde saison de la série a commencé. Soit près de trente ans après la première saison. En 2012, la Lune, le Soleil, Vénus et Jupiter se trouvaient dans le même cadran solaire, le signe du Taureau. S'il y a une saison du dessin animé tous les trente ans, on peut estimer la fin du monde pour 2162 quand Esteban aura enfin détruit les sept cités d'or. Il aura accompli une vieille prophétie indienne.

LE NOM DE LA ROSE (UMBERTO ECO, 1980)

Le titre est la réponse à une vieille question littéraire

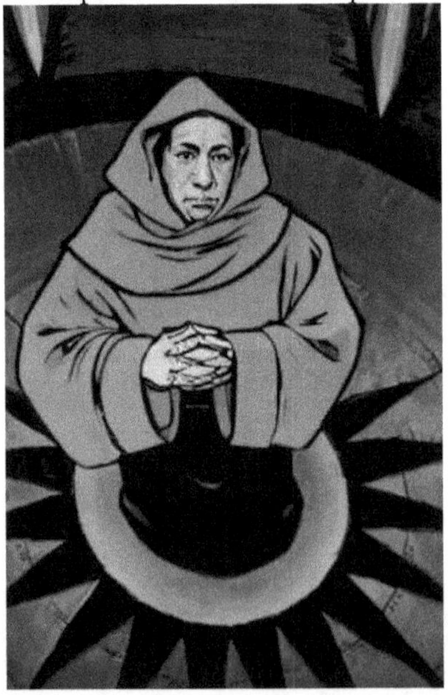

Guillaume de Baskerville possède un nom rappelant le titre du roman de Sherlock Holmes : le chien des Baskerville. Il commence son enquête, d'ailleurs, à la façon du célèbre enquêteur anglais, en analysant des traces de boue devant l'abbaye. Cet anachronisme n'est pas là par hasard. Et ce n'est pas un simple hommage.

Plus tard, on apprendra les problèmes de Guillaume avec l'Inquisition, et ses réflexions sur le bien, le mal, la comédie, et la science. Il professe des théories en avance de plusieurs siècles sur son époque. Il promeut la tolérance, les dangers du fanatisme. Cela ne correspond pas aux idées de l'époque.

Ces anachronismes à répétition sont expliqués par le titre du roman.

Le film tiré du livre finit par cette phrase dite par le jeune moine à propos de la gitane, qui l'a initié à l'amour charnel : « Je n'ai jamais su son nom ». Sous-entendu : cette femme représente la « rose » du titre. Il n'a jamais su le nom de cette rose, cette gitane.

Le roman, lui, se termine par une citation à propos d'une rose qui ne fait pas du tout référence à la jeune femme.

Pour mieux comprendre le titre étrange du roman, il faut relever qu'Umberto Eco met en scène un autre écrivain dans son roman : le moine bibliothécaire, aveugle, Jorge de Burgos. C'est un hommage au romancier, bibliothécaire (aveugle lui aussi) Jorge Luis Borges.

Si Umberto Eco place le personnage de Borges au cœur de son récit, il n'ignore pas non plus les convictions littéraires de l'Argentin. Borges, en 1952, dans un des articles d'« Enquêtes » — un recueil de 35 essais sur la littérature — parle d'une fleur.

En 1980, Eco précise avec ce titre de quelle fleur il s'agit. Car le titre doit se lire comme : « Le nom de la fleur ? Une rose ! »

Cette fleur, dont parle Borges, jusqu'à présent on en ignorait l'espèce.

Elle n'avait pas de nom, Umberto Eco nous a précisé son espèce : une rose.

Pourquoi cette fleur est-elle si importante pour Borges, et Eco ?

Cette fleur, dont parle Borges, fait d'abord son apparition chez Coleridge au dix-huitième dans la banlieue de Londres. Là, nous raconte Borges, Coleridge interroge un rêveur qui visite le paradis en songe, un des anges (ou dieu lui-même) donne une fleur au rêveur. « Que s'est-il passé, » demande Coleridge « si à son réveil ce rêveur trouve cette même fleur dans sa main ? »

Borges se pose la même question. Son but est de justifier sa théorie selon laquelle tous les écrivains sont le même écrivain. Pour sa démonstration — que nous ignorerons ici —, il ajoute une seconde fleur impossible : celle d'H.G. Wells.

Wells, dans « la machine à voyager dans le temps », déplace son protagoniste des millions d'années dans le futur. Le monde idyllique des Eloïs. Le héros se rendra compte que ce monde pas si idyllique abrite aussi les cannibales Morlocks. Le héros sauve une Eloïs de la mort et celle-ci, en récompense, lui offre une fleur inconnue. À son retour dans le présent, alors que sa machine est cassée, il n'est plus sûr s'il a vécu cette aventure ou s'il l'a rêvée. Puis il trouve dans la poche de son paletot, abîmée par le voyage, une fleur fanée.

Borges ne sait pas de quelles espèces sont ces deux fleurs. Il faut attendre Eco, qui nous explique enfin de quelle fleur il s'agit : une rose.

Eco sait quelle fleur a ramené le protagoniste de la machine à voyager dans le temps. Parce que c'est le même homme qui résout l'enquête des meurtres de l'abbaye. Guillaume de Baskerville, au nom tiré de Sherlock Holmes (Conan Doyle est contemporain d'H.G. Wells) est le protagoniste de « la machine à voyager dans le temps ». Il répare la machine. Il refait un voyage qui l'emmène au quatorzième siècle.

C'est pour cela qu'il est en avance sur son temps à propos des sciences, des étoiles et de la logique mathématique. C'est pour cela qu'il a eu des soucis avec l'Inquisition : il vient du futur, et l'Inquisition, en entendant le récit de son arrivée, soupçonne une intervention démoniaque.

Guillaume se souvient que, lors de son premier voyage, on lui a donné une fleur dans le futur. Cette fleur, nous dit Umberto Eco dans son titre, cette veille fleur dont parlait déjà Coleridge, c'est une rose. Une simple rose dont l'existence est impossible. Cette rose, qui prouve que Guillaume de Baskerville vient du futur.

PANTAGRUEL (RABELAIS, 1532)

Les défenseurs de PirateBay.org au seizième siècle

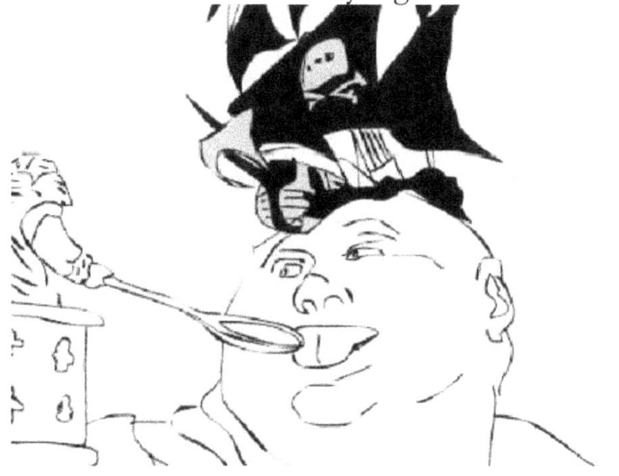

Le 10 juillet, se tient, comme chaque année en Turquie, la fête de Nasreddine.

Les aventures de Nasreddine, un aventurier farceur, sont publiées au seizième siècle. Mais la tradition orale raconte ses exploits depuis au moins le treizième. Certaines des anecdotes qu'on lui attribue sont déjà présentes un millier d'années plus tôt, dans les fables d'Ésope.

Nasreddine est un coquin. Il fut Mollah, titre de juge religieux. Il fut battu. Il vola, et prononça des jugements subtils.

À plusieurs centaines de kilomètres de la Turquie, à Brunswick, près d'Hanovre en Allemagne, on raconte les aventures d'un individu semblable.

Till Eulenspiegel (littéralement Till Hibou-Miroir) est un farceur. Il est toujours pauvre, préparant un mauvais coup, volant, se faisant voler, trompant, arnaquant. Ses aventures sont publiées en 1515 à Strasbourg. Mais, là aussi, la tradition orale est antérieure.

Rabelais publie le Pantagruel au début de 1500. Dans un chapitre, Panurge (le célèbre philosophe des moutons) ignore s'il doit se marier, ou rester célibataire. Pour l'aider dans sa décision, Pantagruel conseille à Panurge de consulter Seigny Joan.

Seigny Joan, dit Pantagruel, est un fou qui vit à Paris. Rien de mieux qu'un fou pour donner de bons conseils. Pour prouver la justesse du jugement de Seigny Joan, Pantagruel raconte une de ses aventures.

Cette aventure, racontée en France par Rabelais, est semblable à celle vécue par Till Eulenspiegel de l'autre côté du Rhin. C'est aussi la même aventure subie par Nasreddine des milliers de kilomètres plus loin. Rappelons cet épisode, qui transcende le temps et les distances :

Nasreddine fait mine de se régaler du fumet d'un rôtisseur, qui cuit sa viande sur le marché. Excédé de la satisfaction qui se lit sur le visage de Nasreddine, le rôtisseur demande à ce qu'il lui paye le fumet de sa nourriture. Nasreddine réfléchit un instant. Il sort sa bourse. Puis, il la secoue sous le nez du rôtisseur. Puis il s'en va. Le rôtisseur le retient par la manche réclamant le paiement. « Avez-vous bien entendu mes pièces sonner dans ma bourse ?

— Oui.

— Alors vous avez été payé », dit Nasreddine. « Je me suis régalé du fumet d'un poulet, je vous ai payé du son de mon argent. »

Voilà l'histoire qui confirme que Seigny Joan a un jugement exemplaire. Seigny Joan, ou Till Eulenspiegel, ou Nasreddine.

Cette histoire prétend mettre en avant l'âpreté aux gains des commerçants. Elle prétend mettre en valeur les ressources d'ingéniosité que donnent la faim et la misère.

Pourtant ces trois histoires sont parvenues jusqu'à nous par des nantis. Rabelais, comme les auteurs-compilateurs des histoires de Till Eulenspiegel et de Nasreddine sont des nobles ! Ou de riches bourgeois. Ils n'ont jamais connu la faim. Pourtant ils partagent à travers le temps et l'espace un désir de raconter cette anecdote-là.

Nous pouvons imaginer qu'un récit semblable existe en Chine, en Amérique du Sud même peut-être. Mais ce récit n'a pas transgressé les frontières, de la Turquie à la France, et les époques, de l'Antiquité Romaine à la Renaissance, pour son message égalitaire et social.

Entre les trois compères, Seigny, Till et Nasreddine, il n'y a pas que le récit du rôtisseur en commun. Il y a aussi leur rôle : chacun vit d'expédients. Ils sont un coup juges, puis voleurs, saltimbanques, vendeurs d'eau, pétrisseurs de farine, toujours prêts à tout, toujours sans le sou, toujours prêts à mentir et raconter une histoire.

Ces trois personnages sont des artistes.

Artistes, tout comme ceux qui ont publié leurs aventures.

Rabelais, écrivain génial, a aimé cette histoire. Parce qu'elle parle du statut d'artiste.

Cette aventure de Joan Seigny explique que ce qui s'adresse aux sens (la fumée de la viande) n'a pas de possesseur.

Il est impossible de vendre ce qui s'adresse à un sens. Rabelais nous donne la leçon suivante : nous ne pouvons pas payer quelqu'un pour avoir regardé un tableau, où écouter une symphonie, lu un livre. Ce qui s'adresse aux sens n'a pas de valeur marchande.

Voilà le cœur du message de l'anecdote. Voilà pourquoi des artistes, nobles et riches, l'ont publiée dès l'invention de l'imprimerie.

Une œuvre d'art ne mérite pas d'autre paiement que le bruit de l'or, ou la vue d'une pièce. Parce qu'une œuvre d'art parle aux sens, elle n'est pas possédée, personne ne vole un tableau en le regardant.

Cinq siècles plus tard, cette maxime de Pantagruel a donné naissance au site Piratebay.org, qui distribue les œuvres d'art au mépris des règles de copyright. Parce que Seigny Joan, Nasreddine, et Till Eulenspiegel, trois fous, trois artistes, trois juges, en trois endroits différents, ont combattu l'injustice.

PROMETHEUS (RIDLEY SCOTT, 2012)

Analyse 1 : Les Ingénieurs ne sont pas des dieux

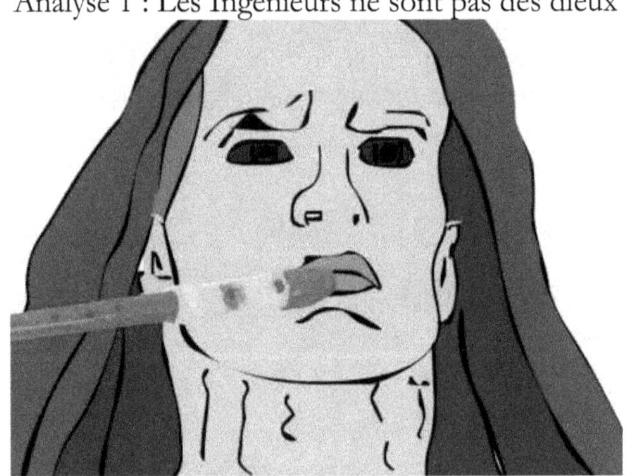

Si beaucoup des événements de Prometheus semblent aléatoires et insensés, ils sont en fait parfaitement délibérés. Par exemple, il peut sembler étrange que, pour se déplacer, les ingénieurs utilisent une flûte.

Visuellement, cela ridiculise les ingénieurs : un être effrayant de trois mètres de haut qui joue de la flûte ressemble à un gag.

Les ingénieurs jouent de la flûte, non pas, par volonté artistique, il s'agit en fait d'une obligation scénaristique : la flûte est un indice. Comme le sapin de Noël au début, comme le nom du vaisseau.

C'est Noël quand le vaisseau arrive parce que le film parle de religion et de dieux.

Le titre du film Prometheus n'évoque pas le vaisseau (du même nom), mais le dieu qui aide les hommes dans la mythologie romaine. Prometheus n'est pas seulement un dieu, c'est aussi un géant dans la légende. Comme les ingénieurs. Si le Prometheus de la légende romaine se contente de donner le feu aux hommes, puis est sacrifié par les autres dieux, celui du film se sacrifie pour créer la race humaine.

Vient la question principale à propos de ce film : qu'est-ce qu'il se passe vraiment avec les ingénieurs ?

Ils sont bien présents dans les scènes d'horreur, et les scènes de luttes avec le Xénomorphe. Mais il n'y a aucune explication sur le comportement des ingénieurs, sur la boue noire, sur l'attaque des humains par le dernier ingénieur. Rien n'a de sens. Il n'y a pas d'histoire. Tout au plus une série de vignettes, saynètes effrayantes.

Au début, les ingénieurs créaient la race humaine. Puis, ils désignent une certaine planète à divers groupes humains : des hommes préhistoriques, jusqu'aux Égyptiens.

Cette planète. Il montre où elle se situe. Mais ce n'est pas pour que les humains y viennent. Cela, nous le découvrons dans le film, cette planète est vide. Vide à part une arme chimique : la boue noire.

Donc le message que donnent les ingénieurs est simple : obéissez sinon… quelque chose viendra de cette planète pour vous exterminer. Ce message est transmis à tous les peuples qui croient en des dieux. Ce message est lié à la religion.

Puis, d'après le film, il y a deux mille ans, à la période de Jésus Christ, les ingénieurs décident de mettre leur menace à exécution à propos de cette planète, qui sert d'épouvantail.

Leur plan se déroule très mal : les ingénieurs meurent tous, sauf un.

Que s'est-il passé, pour qu'après des dizaines de religions (égyptienne, inca, sumérienne, etc.) les ingénieurs décident soudain de détruire l'humanité avec la boue ?

Jésus Christ.

Voilà l'événement qui pousse les ingénieurs à détruire l'humanité, des millénaires après l'avoir créée. Pourquoi ? Parce que, Jésus, un simple homme (leur création) prétend être Dieu.

Quand Wayland arrive devant l'ingénieur, celui-ci l'écoute calmement. Puis Wayland demande l'immortalité. Dans une scène bonus du film, l'ingénieur demande ce qu'a fait Wayland pour mériter ce cadeau. Wayland répond qu'il est comme un dieu : il a créé le cyborg David.

Alors seulement, seulement à ce moment, alors que jusqu'à présent l'ingénieur était pacifique ; l'ingénieur attaque.

Parce que les ingénieurs ne supportent pas que leur création se prenne pour des dieux.

Ils acceptent que les humains vénèrent des dieux étranges, mais ils veulent que ces dieux soient à leur image : comme les géants des Romains ; ou les Égyptiens, qui vénèrent des hommes à tête d'éléphant (ressemblant au casque des ingénieurs).

Mais jamais leur création ne peut prétendre être Dieu. Sinon il faut les exterminer. Ou par une forme de vengeance appropriée : les soumettre à la boue, pour déterminer s'ils arriveront eux aussi à véritablement créer une nouvelle espèce intelligente.

Les humains n'y arrivent pas. Les hommes soumis à la boue ne créaient que des aliens xénomorphes.

Pourtant les ingénieurs aussi ne créaient que des aliens. Comme le prouvent les cadavres trouvés dans le vaisseau et qui ont tous la poitrine déchiquetée par l'ancien hôte Alien.

La création de l'espèce humaine est un hasard. Seul un ingénieur, le premier qui apparaît dans le film, est parvenu à créer une race intelligente en ingérant de la boue. C'était lui le dieu. Le seul. Prometheus.

C'est pour cela que les ingénieurs veulent retenter l'opération sur les humains. Ils espèrent que l'un d'eux aussi est un dieu. L'un d'eux ne produira pas un alien, mais une nouvelle race. Il suffit de leur apporter la boue noire et le hasard décidera.

Peut-être ont-ils eu le temps d'en ramener un peu sur terre. Après tout, Jésus Christ serait sorti de son tombeau. Un peu comme le géologiste mort qui se relève pour attaquer le vaisseau, et n'est exterminé pour de bon qu'après avoir été grillé au lance-flamme.

PROMETHEUS, VERSION 2 (RIDLEY SCOTT, 2012)

Analyse 2 : L'histoire d'une vieille hérésie

Prometheus a tellement d'incohérence dans son histoire que l'on peut se demander de quoi parle le film.

Ridley Scott pourtant fait un travail remarquable à répéter, et répéter encore qu'il parle de religion. Sauf qu'il se contente d'évoquer des points importants de religions diverses et variées, sans que cela ait une importance dans l'histoire.

Par exemple, le fait que le film se passe durant la période de Noël, comme le rappelle le capitaine du vaisseau spatial, n'a aucune influence sur l'histoire. C'est juste une façon de rappeler à l'audience que le film parle de religion. Mais sans jamais donner une explication, une analyse, ni même un parallèle.

Toutes les scènes du film les plus étranges sont en fait un « clin d'œil » à un événement religieux quelconque. Sans buts, hormis de rappeler le thème : la religion.

C'est pour cela que la première scène, où apparaît Ellie, la montre enfant en Inde. Elle semble voir un cadavre pour la première fois. Elle interroge son père. Qu'est-ce que cela ? Son père lui explique que c'est une victime de la lèpre.

Cela évoque le début de la vie de Bouddha. En bref, Bouddha à l'origine est un prince coupé du monde. Un jour, dans sa vingtième année, il sort du palais, et il voit pour la première fois un vieux. Puis un malade, enfin un cadavre. En un jour, le prince découvre ainsi la vieillesse, la maladie et la mort, dont il ignorait jusqu'à l'existence.

La scène entre Ellie et son père se passe en Inde parce que Bouddha est indien. La scène ne sert à rien. C'est juste pour parler du bouddhisme. Une religion.

Ellie se nomme Elizabeth. On la surnomme Ellie sans raison. Mais Eli est le nom d'un juge hébreu dans l'Ancien Testament. Qu'a fait ce juge ? Il a découvert une femme qui priait pour avoir un enfant parce qu'elle ne pouvait pas en avoir. Il lui a promis que si elle priait Yahvé, elle aurait un enfant. Voilà exactement ce qui arrive à Elizabeth. Qui est aussi Eli, la juge, qui accorde des enfants au nom de Dieu.

Est-ce que cela a un sens dans le film ? Non ! Mais cela renforce le thème : on parle de religion.

David, l'androïde suit la nomination des androïdes telle qu'elle apparaît dans les films de Ridley Scott. Dans le premier film « Alien », l'androïde s'appelait Ash. Dans le second film, il se nomme Bishop. Dans le suivant, c'est Call.

Seulement, voilà, chronologiquement dans l'univers des films « Alien », David est le tout premier androïde. Son nom devrait avoir deux A (pour être suivi logiquement par Ash) ou être un numéro.

Mais il s'appelle David. Juste afin de rappeler le célèbre Roi des Juifs. Comment est célèbre le roi David ? Il a tué le géant Goliath par la ruse. Tout comme David, l'androïde parvient à tuer un géant de la race des ingénieurs par la ruse, en prévenant Ellie de son arrivée.

Ce nom de David ne sert à rien. C'est un rappel d'un vieux mythe religieux célèbre.

Tout est comme cela.

Le vaisseau qui roule pour écraser Meredith Vicker. Étrange. Ça rappelle un mythe du Caucase: le dieu Sosruko est trempé alors qu'il est tenu par la hanche dans une eau qui rend invincible ! Ce dieu est tué par une roue jetée par son ennemi qui l'atteint à la hanche, son seul point faible.

David, qui n'a pas de tête au moment où Ellie sort de son opération en flageolant à moitié nue. Rappelle Salomé faisant un strip-tease pour obtenir la tête du prophète Jean Baptiste.

L'opération d'Ellie avec un appareil médical qui ne servait qu'aux hommes, doit sans doute évoquer un de ces dieux masculins tirant une créature de son flanc. Parce que le fait que l'appareil soit réglé uniquement pour les hommes ne sert à rien dans le film : Ellie résout le problème immédiatement.

Pourquoi rappeler sans cesse la religion dans ce film ?

Parce que Ridley Scott a voulu offrir un nouveau mythe de la création. Pour que son mythe soit solide, il a décidé de prendre des éléments disparates à toutes les autres religions. Sans sens, sans explications. Juste pour souligner que lui aussi fait la même chose dans le film : Il nous donne un mythe.

Le mythe de Ridley Scott n'est pas une création originale. C'est une vieille hérésie :

L'idée que notre créateur est lui-même une création.

C'est ce que les héros du film demandent : qui a créé les ingénieurs ? C'est la réponse que cherche Ellie, quand elle part à la toute fin du film.

Cette Hérésie reproposée par Scott est la vieille hérésie du Manichéisme : notre monde est plein de défauts, et de mal, parce que le Dieu qui l'a créé est imparfait. Ce Dieu médiocre a lui-même été créé par un Dieu meilleur. Celui-là même a été créé par un autre Dieu encore plus abouti, et cætera. Jusqu'au réel et unique Dieu parfait, des centaines de créations au-dessus.

Les ingénieurs sont pareils. C'est ce que Ridley Scott veut signifier dans son film. En faisant appel à toutes les mythologies du monde. Pour rappeler qu'il ne parle que de religion.

LE SEIGNEUR DES ANNEAUX (J.R.R. TOLKIEN, 1954)

Une œuvre d'anticipation

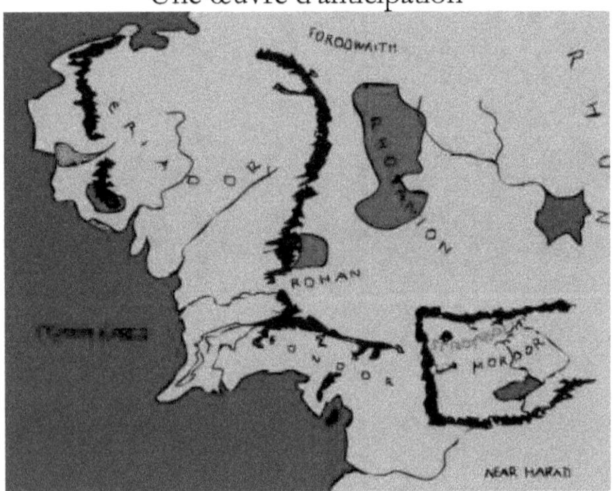

Il était impossible de confier l'anneau unique aux aigles pour qu'ils le transportent au Mordor et le jettent dans le volcan pour le détruire. Les aigles n'auraient pas survécu au voyage. Pour passer par-dessus la chaîne de montagne qui entoure Mont Doom, il faut s'élever haut dans le ciel. Tellement haut que l'on s'approche trop du soleil. Les aigles ne pouvaient pas voler aussi haut sans se brûler les ailes. Le livre ne fournit jamais cette explication, elle se déduit du reste du récit.

Il est très peu question du soleil dans le livre sur les terres du milieu, le monde où se déroule l'aventure.

Il y a une raison à cette absence : Le soleil est particulièrement petit. C'est une boule de feu de quelques kilomètres de diamètre seulement. Cette boule de feu est au centre de la Terre. Ce n'est jamais précisé dans le récit. Mais Tolkien ne parle pas des « terres du milieu » par hasard. Il ne s'agit pas d'un nom propre. Il s'agit d'un endroit. Toute la saga du seigneur des anneaux se passe au centre de la Terre. Au milieu d'une terre creuse.

Le mythe de la terre creuse (selon laquelle nous vivons dans une sphère, éclairée par une boule de feu en son centre) est une théorie à la mode quand Tolkien publie son roman. On sait que les nazis ont tenté d'atteindre l'intérieur de la terre en cherchant des ouvertures aux pôles. On prétend que certains ont trouvé ces passages.

Tolkien fait sienne l'idée d'une terre creuse habitable. Contrairement à Jules Verne, il peuple la sienne d'elfes, de nains et de dragons. C'est la terre du milieu. Parce qu'elle est au milieu de la Terre.

Là, encore traumatisé par l'horreur nazie (Tolkien a écrit très tôt au gouvernement américain, pour l'inciter à entrer en guerre contre l'Allemagne), l'auteur suppose qu'Hitler s'est échappé et tente de créer une dictature. Les Orcs ultras violents, et organisés par Saroumane ressemblent trop à une caricature des armées d'Hitler pour être l'effet du hasard.

Tolkien fait un récit de futur alternatif dans lequel Hitler s'est échappé au centre de la Terre, où il continue ses exactions. C'est pour cela que Frodon doit voyager jusqu'au mont Doom à pied. Ce n'est pas là-bas que l'anneau a été forgé. Il n'y a aucune trace de forge au mont Doom. Le volcan est un passage. Un passage vers la terre extérieure, notre terre.

Frodon ne peut jeter l'anneau qu'à cet endroit. Notre terre est le seul endroit où Hitler ne viendra pas le chercher. Il y est trop connu.

LE SEIGNEUR DES ANNEAUX (PETER JACKSON, 2001-2003)

Gollum est Sauron depuis le début

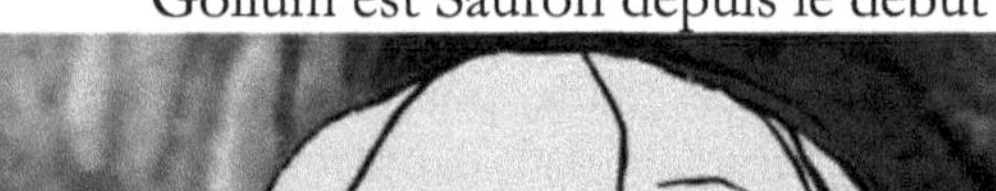

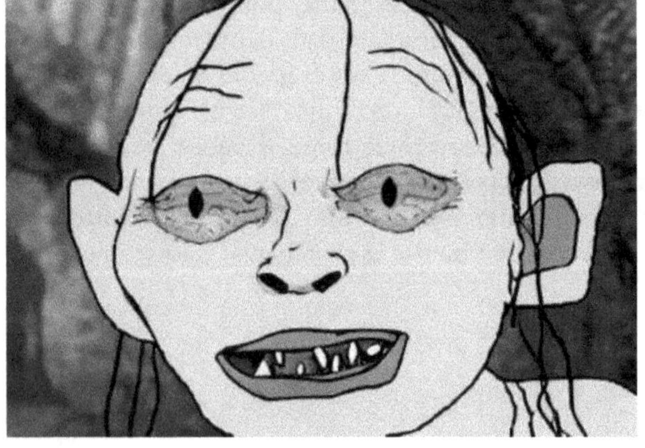

Au début du Seigneur des anneaux, Sauron n'a pas l'anneau unique en sa possession. Il ne s'en porte pas plus mal : il envahit les terres du milieu, et fait régner la terreur. Sans anneau à son doigt, il est plutôt efficace.

À la fin, Sauron n'a toujours pas l'anneau unique, mais cette fois il en meurt. Que s'est-il vraiment passé entre le début et la fin de la trilogie ?

Durant les trois films, à aucun moment il n'est précisé que la destruction de l'anneau provoquera l'anéantissement de Sauron. Nous apprenons juste qu'il faut détruire l'anneau pour empêcher Sauron de s'en emparer. S'il parvient à l'obtenir, son pouvoir deviendra sans limites.

Pourtant, quand l'anneau est détruit, sans aucune explication supplémentaire, Sauron, en pleine conquête du monde, disparaît complètement. Soudainement ?!

Ce que nous savons de Sauron, c'est qu'il est déjà mort il y a longtemps ; quand il revient de la mort pour conquérir la terre du milieu, il est encore affaibli. C'est d'ailleurs la raison pour laquelle il cherche l'anneau : il veut retrouver toute sa puissance. Donc malgré ses exploits, il est encore faible.

Si faible, que le seul aspect sous lequel on le voit est cet œil géant au-dessus du Mordor. Mais cet œil est une représentation de la fonction principale du moment pour Sauron : il cherche à trouver l'anneau. Cet œil est juste un symbole de Sauron.

Le dieu a aussi pris une forme physique. Il choisit celle du seul individu qui désire l'anneau plus que tout : Gollum.

Le vrai nom de Gollum est Smeagol. Nom possédant le même nombre de syllabe, même sonorité, et même initiale que Sauron.

Sauron disparaît quand l'anneau est détruit. Ça n'a rien à voir avec l'anneau. C'est parce que c'est Gollum qui se jette dans le volcan pour attraper l'anneau. Sauron se jette dans le volcan et meurt. Voilà pourquoi les deux disparaissent en même temps.

Une fois que l'on a compris comment Sauron est mort, nous comprenons enfin beaucoup des mystères du film.

Le seul individu qui connaît le chemin à travers le Mordor est Gollum. Pourquoi ? Il est juste ancien Hobbit corrompu par l'anneau, il n'est pas de cette région. Pourtant c'est Gollum qui dirige Frodon. L'explication, nous l'avons désormais : Sauron, lui, connaît parfaitement la région, et il veut juste dérober l'anneau à Frodon. Le dieu est encore trop faible physiquement, il doit ruser, et son apparence le lui permet.

Cela explique aussi pourquoi les armées orques subissent défaite sur défaite malgré leur nombre : le chef, Sauron, est trop occupé à attraper des poissons dans la rivière et à discuter avec Frodon et Sam. Il ne peut plus diriger les offensives militaires.

La folie de Gollum, sa personnalité double est d'ailleurs l'indice qu'il est possédé par Sauron. Il est plus que simplement envoûté par l'anneau, une partie de lui est littéralement Sauron.

Ils existent de nombreuses races étranges dans les terres du milieu. Des elfes, nains, orques, aigles géants, des Ents, etc. On voit de nombreux exemplaires de chacune de ses espèces fantastiques. Pourtant Gollum est le seul de son espèce, personne ne lui ressemble. De même, personne ne ressemble à Sauron. Et pour cause, il s'agit du même individu.

SHINING (STANLEY KUBRICK, 1980)

Il y a 4000 ans en Crète

L'œuvre de Kubrick est sans cesse interprétée. Ce cinéaste, même quand il s'inspire de livres (« 2001, l'Odysée de l'espace », « Orange mécanique », et « Shining » sont des livres, initialement), il modifie le matériel dont il dispose. Nous pouvons aussi imputer à son culte du secret concernant les scripts de ses films, dont il s'est assuré qu'ils ne seraient publiés que longtemps après sa mort.

Shining intrigue. Certains y voient même l'aveu de Kubrick selon lequel il aurait filmé le faux atterrissage d'Apollo sur la lune. L'aveu d'une supercherie.

D'autres imaginent que la « Gold Room » (salon d'or), où Jack a une discussion imaginaire avec un barman, est un commentaire de Kubrick sur les accords de Bretton Woods, qui ont éliminé la conversion du dollar en or ; les interprétations se multiplient : violence sexuelle sur Danny ; à cause d'un livre de psychologie, sur les enfants abusés, visible en arrière-plan dans le décor, commentaires sur l'extermination des Indiens d'Amérique, voyage temporel…

Ce que tous ces commentateurs admettent, c'est que l'hôtel Overlook, où se déroule l'intrigue, est physiquement impossible. Certaines fenêtres ne donnent sur rien. Certaines portes n'apparaissent que d'un seul côté, et pas de l'autre. Des pièces, sur certains plans, disparaissent ou se retrouvent très éloignées de leur première position.

Tous voient dans ces artefacts architecturaux le génie de Kubrick, qui veillerait ainsi à maintenir le spectateur dans une angoisse diffuse et insaisissable.

Un rapprochement évident s'impose, si l'hôtel est un lieu improbable, où rien n'est parfaitement à sa place, c'est qu'il s'agit d'un vrai labyrinthe.

Un labyrinthe intérieur qui fait écho au fameux labyrinthe végétal à l'extérieur. Et s'il y a un Dédale, il faut aussi s'apercevoir qu'il y a un monstre à l'intérieur : Jack Torrance.

Torrance et Taureau sont bien trop proches sémantiquement pour être l'effet du hasard.

Jack Nicholson est en fait le Minotaure. Attendant, au fond de cet hôtel labyrinthique, les sacrifices, qui lui sont dus.

On notera que son fils Danny et sa femme sont parfaitement représentatifs des vierges qu'Athènes devait sacrifier au monstre. Sa femme porte durant tout le film des habits destinés à l'infantiliser, et son physique même, évoque moins la femme que l'enfant. Ils sont tous les deux ici pour être dévorés par le Minotaure. Danny roulant dans les couloirs est l'image même de celui qui cherche à s'échapper, en vain, de ce labyrinthe.

Pendant toute la fin du film, Jack est armé d'une hache. La hache est historiquement associée au Minotaure. À l'époque Minoenne, la Labrys, la hache à double tranchant, était un outil du culte, de même que le masque de taureau des prêtres, qui est à l'origine du mythe. Il ne fait aucun doute que l'histoire de Shining est celle du Minotaure en se focalisant sur le monstre plutôt que sur Thésée.

L'écrivain Borges utilise le même procédé. Le protagoniste d'une de ses nouvelles se demande à la fin, si celui qui doit le tuer « a tête humaine sur un corps de taureau, ou comme lui, tête de taureau et corps d'homme ».

De même, Shining ne parle pas du héros qui vient sauver les victimes, mais de la solitude du monstre.

Les conspirationnistes, qui interprètent le film comme un aveu concernant un faux alunissage d'Apollo 11, se basent majoritairement sur le pull-over au logo d'Apollo que porte Danny. Ils relèvent aussi divers symboles liés aux voyages dans l'espace durant le film. Ce ne sont pas des références à l'alunissage. C'est tout simplement parce que le nom du Minotaure est « Astérion » qui vient d'« Astre ». Kubrick a ainsi parsemé le film d'évocations de l'espace et des étoiles pour rappeler que son film ne parle que du Minotaure.

Enfin, une scène culte montre ce qu'écrit Jack durant son séjour. Une seule phrase répétée sur des pages et des pages : « All work and no play make Jack a dull boy ». Sur l'écran, à cause de la distance à laquelle, on voit le texte, « dull boy » se lit comme « bull boy ». C'est-à-dire le « garçon-taureau ». La phrase signifie donc : « Tout ce travail, et aucune distraction font de Jack un garçon-taureau ».

Kubrick n'a pas voulu que l'on manque le symbole de son film : l'hôtel est un labyrinthe. Le labyrinthe végétal a un rôle important. Jack est monstrueux. Jack est bestial, avec toute la connotation érotique visible durant le film. Jack est armé de la hache traditionnelle minoenne. Shining est l'histoire du Minotaure.

C'est pour cela que l'on voit la photo de Jack dans le passé, à la fin : Shining est une très, très vieille histoire qui se répète.

STAR WARS (GEORGE LUCAS, 1977)

Dark Vador n'est pas le père

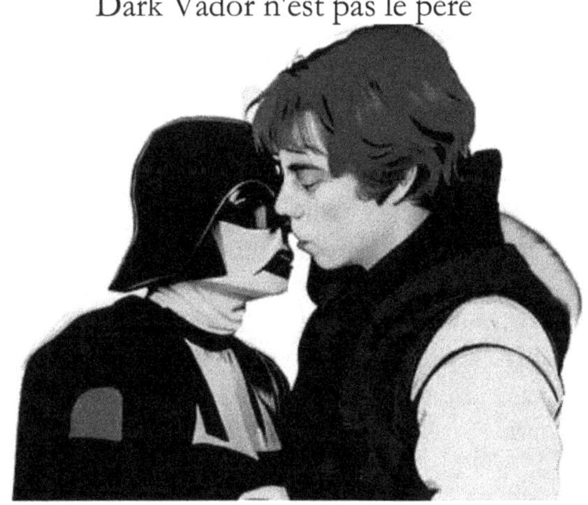

Pour confirmer qu'il est bien son père, Dark Vador demande à Luke de chercher dans ses sentiments mêmes. Luke cherche. Luke trouve. Il a alors une réponse limpide, le fameux :

« Nooooon ! »

Ce n'est pas un « non » de rejet de la vérité. C'est une réponse juste. Luke, doué pour la Force, a cherché et trouvé la réponse à la question. Il n'est pas le fils de Dark Vador. C'est bien pire que cela, et c'est pour cette raison qu'il crie ce « non » avec horreur.

Quand Anakin rencontre Padme, c'est un enfant d'une dizaine d'années. Elle est déjà une femme accomplie, déjà investie dans la politique de sa planète. Même en grandissant, elle ne peut pas considérer ce garçon impulsif pour plus que ce qu'il est : un garçon impulsif qu'elle a sauvé de l'esclavage. Quand, adulte, Anakin fait des avances à cette femme, elle l'ignore. Ou plutôt elle l'ignorerait, si ce jeune Jedi n'avait pas un précepteur séduisant. Un homme, de son âge à elle, posé et responsable comme elle. Elle utilise le jeune Anakin pour se rapprocher d'Obiwan.

Peut-être même séduit-elle le jeune Anakin pour tenter de rendre jaloux, et éloigner le trop sérieux Obiwan de son célibat de Jedi.

C'est pour cela que Luke lâche ce « non », quand Vador prétend être son père. Parce qu'il prend alors conscience que son vrai père est l'homme qu'il a rencontré il y a peu. Cet homme, qui s'est sacrifié pour lui permettre de s'échapper de l'étoile de la mort. Il crie, parce qu'il comprend que, son père, qu'il n'a pas eu le temps de connaître est mort sous ses yeux, sur l'étoile de la mort.

Ce père, Obiwan Kenobi a décidé de ne plus mentir à son fils. Obiwan a déjà trop dissimulé la vérité. Quand il retrouve Luke, il se promet de ne plus jamais lui mentir. Obiwan déclare que Dark Vador a tué le père de Luke. C'est la seule façon qu'il a trouvée pour révéler la vérité à son fils. C'est pour cela qu'il se laisse tuer par Vador dans l'étoile noire. Ce qu'il a dit est entièrement vrai : Dark Vador a tué le père de Luke. Dark Vador a tué Obiwan.

Nous comprenons pour quelle raison Dark Vador a cédé au côté obscur. Padme ne lui a pas donné deux enfants, ce sont les enfants d'Obiwan. C'est pour cela qu'il les abandonne, et s'allie à l'Empereur. Dans le troisième film, la soumission de Dark Vador à l'empereur est instantanée. Il se réveille de son coma, et passe du côté obscur sans aucune justification. Il y a une raison valable : Vador a pris conscience de la trahison qu'il a subie.

Finalement, après avoir détruit des planètes et des vies par jalousie, Dark Vador pardonnera enfin, à la fin de la trilogie : il sauve Luke, le fils de son ancien ami Obiwan.

SUPERMAN (RICHARD DONNER, 1978)

Ce n'est pas Superman qui vient de Krypton

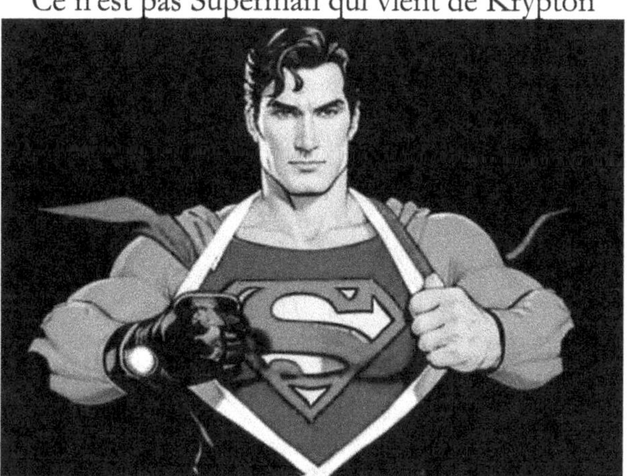

Ce qui choque dans Superman ce n'est pas la force surhumaine, ni les lasers sortant des yeux, ni la capacité de voler. Ce qui ne fait aucun sens, c'est l'origine présumée du personnage.

Dès sa création — ou au contraire surtout à l'époque de sa création —, il était inconcevable d'imaginer un Extra-terrestre avec une apparence humaine. Les aliens étaient verts, pustuleux, arachnoïdes, toujours physiquement surprenants. Imaginer toute une société extra-terrestre qui serait exactement semblable aux hommes n'était pas, et n'est toujours pas crédible.

L'origine kryptonienne de Superman est encore plus surprenante, quand on observe les péripéties qui nous la font connaître. Superman ne peut pas s'en souvenir : il était bébé au moment de partir de sa planète natale.

Il faut donc faire intervenir son père, un autre Kryptonien, intégré dans une unité informatique. Il peut, lui, nous raconter l'histoire de Superman. Cette merveille technologique est bizarre, venant de Krypton. Si c'est un peuple de surhommes, ils ont disparu, car ils sont incapables de prévoir la transformation de leur Soleil en supernova. Une telle méconnaissance scientifique s'encombre mal d'une connaissance pointue de l'informatique.

Plus surprenant, Superman peut voler dans l'espace pendant des heures (il a pu faire tourner la Terre sur son axe pour remonter le temps), on se demande pourquoi les Kryptoniens ne se sont juste pas envolés pour une planète voisine. Tout ce qui entoure Krypton manque de cohérence et de logique. Pourtant quelqu'un est bien placé pour nous en parler. Un journaliste spécialiste de Superman. Un professionnel de la propagande qui ment depuis des années à tous : Clark Kent.

Si Superman est journaliste, c'est pour mieux créer le personnage héroïque et bénéfique, le gentil alien Superman.

Parce que ce n'est pas du tout ce qu'il est.

Kal-El vient bien de Krypton. C'est un alien sans formes, ou que l'on connaît sous la forme d'une sorte de glu noirâtre. Cette espèce extra-terrestre s'appelle des Symbiotes. Il se lie avec un individu d'une autre espèce et lui donne des pouvoirs supérieurs. On a déjà vu des Symbiotes dans Spiderman (l'épisode 3, et accessoirement dans X-Files, avec les mêmes pouvoirs, couleurs et capacités, sous le nom d'« huile noire »).

C'est la tenue noire (dans l'épisode 3) qui accroît les pouvoirs de l'homme-araignée, mais aussi qui le rend cruel et assoiffé de pouvoir. Parce que ce qui caractérise les Symbiotes, c'est le goût pour la violence gratuite, l'autodestruction et le pouvoir absolu.

Cela nous rappelle quelqu'un : Superman. L'homme qui détruit tout ce qu'il touche.

Kal-El, le Symbiote a pris possession de Clark Kent très jeune. De cette longue collaboration, ils ont obtenu un pouvoir immense. Leur but désormais est de régner sur la Terre. Grâce à leurs pouvoirs combinés, mais aussi à l'influence sur l'opinion publique, par les articles de propagande à la faveur de Superman publiés dans le Daily-Planet, rien ne sera plus facile que de contrôler le monde.

Si un train est détruit, Superman devait arrêter des criminels à l'intérieur. Un immeuble s'effondre, des terroristes que Superman a éliminés avant qu'ils ne fassent plus de dégâts. Les prisons de Métropolis sont vides. En général, Superman ne laisse pas de survivants parmi les criminels. Il élimine simplement quiconque menace, ou représente une menace pour la Terre. Ce n'est pas un justicier. Pas même un vengeur, c'est un alien qui veut le pouvoir et qui manipule les médias pour se mettre en avant. Une fois qu'il aura assis sa popularité, il passera sans doute à la phase suivante de son plan : obtenir le règne sur la terre.

Un homme seul sait que Superman est dangereux pour l'humanité. Cet homme, les créateurs de la série en ont fait le vrai héros : ils lui ont donné un nom qui ne laisse aucun doute sur le bien-fondé de ses intentions. C'est le « lutteur de la Loi », Lex Luthor (en latin « de cuisine »), l'homme sans pouvoir magique. Le seul qui tente d'empêcher Superman de contrôler la terre.

TABOU (NAGISA OSHIMA, 1999)

Le samouraï est une femme amoureuse

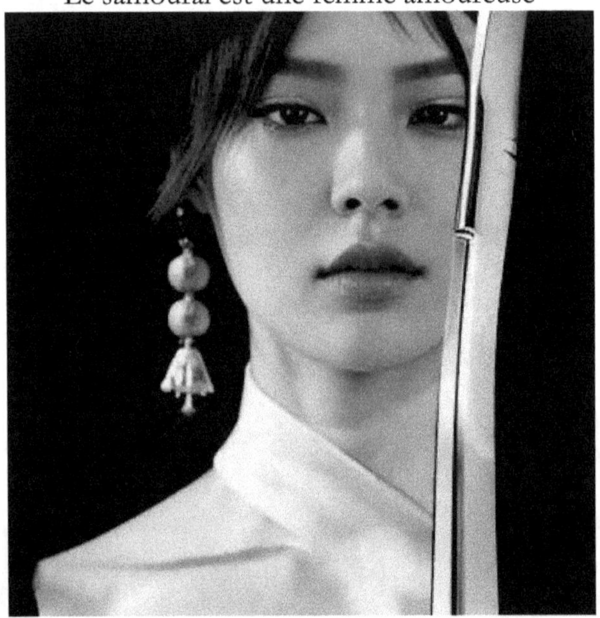

Dans le film Tabou de Nagisa Oshima, la fin est mystérieuse. Ce n'est pas un fait délibéré, c'est une conséquence de l'importance des détails révélés hors écran par la bande sonore. Et uniquement par le son, rien à l'écran n'éclaire ce qu'il se passe.

Dans la dernière scène, si l'on tend l'oreille, et que l'on ne se laisse pas distraire par ce qui se passe au premier plan, on comprend alors la fin.

Reprenons ce qu'il se passe à ce moment dans l'histoire : Sozaburo a été choisi par les responsables de l'école militaire. Il doit tuer son ami Tahiro soupçonné de meurtre.

Lors du combat, Tahiro laisse entendre à haute voix que c'est Sozaburo qui a commis les crimes. Ce dernier aurait laissé de faux indices destinés à incriminer Tahiro. Les chefs présents (mais dissimulés) lors du duel entendent cet échange. Ce qu'ils n'entendent pas, c'est ce que dit Sozaburo à l'oreille de Tahiro pour le surprendre et ainsi remporter le combat.

On en arrive à ce qui se passe uniquement en bande-son : un des chefs, croyant que Sozaburo est le véritable coupable, part vers le lieu du duel. On entend Sozaburo le saluer hors écran. On entend aussi le bruit d'une lame qui arrête ce salut avant qu'il ne se termine. Nous en déduisons que Sozaburo était le coupable, et qu'il a enfin été puni.

Cette fin, malheureusement, n'explique en rien toutes les incohérences du film. Nous ignorons toujours qui a vraiment commis les meurtres. Mais surtout, aucune raison ne nous est donnée pour expliquer ces crimes.

Au début, quand Sozaburo demande à être accepté dans l'école du Shinsen Gumi, tous les autres samouraïs se sentent attirés par cet étrange adolescent. Le personnage du chef, joué par Takeshi Kitano, répète maintes fois qu'il n'aurait jamais cru, que les hommes sous ses ordres possédaient ces « tendances ».

Le vieux maître Kondo, réputé pour sa faiblesse à l'épée, est pourtant prêt à se battre seul contre plusieurs ennemis pour impressionner, et séduire Sozaburo. Il fait taire sa lâcheté au cours d'une scène surprenante. Kondo raconte à Sozaburo des anecdotes de plus en plus délirantes. Tout cela pour ne pas prendre conscience qu'il va à un combat pour lequel il est certain de mourir. Juste par amour.

Si, tout à coup, les hommes de l'école militaire (le Shinsen Gumi) expriment des attirances homosexuelles, ce n'est pas en raison de la beauté de Sozaburo. Ce n'est pas ainsi que l'amour fonctionne. Si ces hommes sont attirés, c'est parce que Sozaburo est en réalité une femme.

Le thème de la femme déguisée, afin de s'intégrer à un milieu d'hommes, est un motif récurrent des histoires asiatiques antiques. Cette femme, sous le nom de Sozaburo, s'inscrit à l'école Shinsen Gumi, sans doute par conviction politique. Elle cache sa féminité. Mais elle fait le serment de garder sa « frange d'adolescent », qui est en fait le seul élément qui la rattache encore à son véritable sexe.

Recrutée en même temps que Tahiro, elle tombe immédiatement amoureuse du beau jeune homme. Quand ce dernier répond à son désir, elle réalise, que Tahiro, seul dans l'école possède « ces tendances » ! Tahiro ne peut être amoureux que d'un homme. Sozaburo n'en est pas un, c'est une terrible déception pour cette femme amoureuse. C'est pour cette raison qu'elle rejette l'amour de Tahiro : il ne lui est pas réellement destiné, il a pour objet un homme. Sozaburo est une femme.

Frustrée de ne pouvoir obtenir l'amour de l'homme qu'elle aime, elle se donne sans conviction à un homme laid et grotesque. Pour rendre Tahiro jaloux, comme de toute façon il ne pourrait pas l'aimer, elle. Dans la scène où elle cède, on voit bien qu'elle parvient à maintenir l'illusion qu'elle est un homme. Cependant au fur et à mesure que la relation se poursuit, l'homme finit par s'apercevoir que Sozaburo est en fait une femme.

Pour garder son secret, elle l'abat. C'est le premier meurtre. Il est nécessaire pour maintenir la fausse identité de Sozaburo, et non gratuit, comme le prétend le film.

Puis alors que tout le Shinsen Gumi est perturbé par cette femme, les dirigeants tentent d'envoyer Sozaburo tester l'amour hétérosexuel avec une geisha. Ils emploient l'intermédiaire d'un commandant. Sozaburo trouve la situation particulièrement cocasse. Elle feint de flirter avec ce commandant qui, n'aimant que les femmes, est aveugle à la véritable nature de Sozaburo. Elle s'amuse de l'absurde de la situation : un hétérosexuel qui se refuse à elle, croyant qu'elle est un homme, alors que l'homme qu'elle aime, Tahiro, la rejetterait s'il s'apercevait que ce n'est pas un homme.

Tahiro s'emporte en constatant le flirt de Sozaburo avec ce commandant balourd et fruste. Il attaque le commandant. Il perd son couteau lors de l'assaut.

Voilà la seconde tentative de meurtre. Elle n'a pas le fruit d'une violence gratuite. Elle est justifiée par la jalousie. C'est l'action de Tahiro. Il n'y a pas un seul coupable dans le film.

Puis survient la fin. Retrouvant le couteau de Tahiro, les dirigeants savent que c'est lui qui a tenté d'assassiner le commandant. Sozaburo est chargée de tuer l'homme qu'elle aime. Elle le fera, parce qu'elle ne peut avoir son amour en tant que femme.

À un moment du combat, Tahiro à l'avantage. Sozaburo lui glisse à l'oreille qu'elle est en fait une femme.

Surpris, comprenant que son amour était mal placé. Il a failli commettre un meurtre par amour d'une femme. Tahiro relâche la pression de son sabre. À cet instant précis, Sozaburo comprend de façon définitive, que Tahiro ne pourra jamais l'aimer. Alors, elle tue cet homme.

Quand Soji Okita, le chef qui la croit coupable, vient pour la tuer à son tour. Elle a déjà décidé de ne pas se défendre.

TAO TO KING (LAO TSEU, 600 AV. J.-C.)

Lao Tseu est un canular pour humilier Confucius

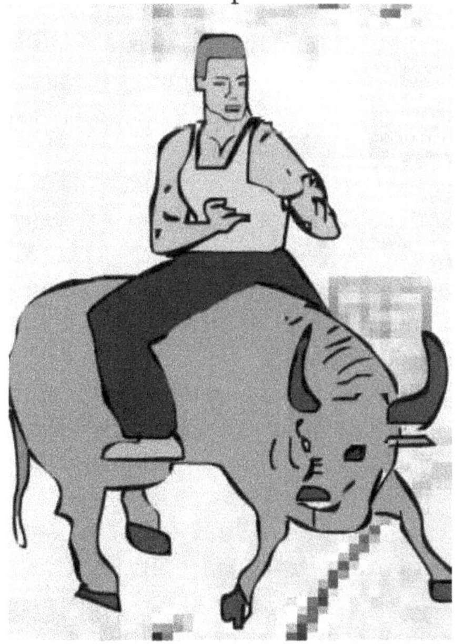

À l'époque dite des « Royaumes combattants » (500 av. J.-C.) en Chine apparaît un conflit moins mortel : Le Confucianisme contre le Taoïsme. À Lao Tseu, on doit l'écriture du Tao-To-King, ouvrage fondateur de la philosophie Tao. Pensée, si nous cédons à la simplification, qui peut se résumer en la philosophie du « Lâcher-prise ».

Son adversaire du moment, c'est Confucius. Confucius est à la religion, ce que le plan comptable général est au hip-hop et à la Techno. On l'utilise certainement pour produire et distribuer de la musique commercialement, mais ce n'est pas cela qui rend la musique plus entraînante.

Pour être moins caricatural, Confucius insiste sur les rites, le respect des aînés, et chaque coutume sociale adéquate dans une société calme. En toute honnêteté, pour l'époque sanglante dans laquelle il vit, ce sont des conseils justifiés.

L'histoire de Lao Tseu est bien plus rocambolesque que celle de Confucius. Ils sont tous les deux de la même période. De Confucius on sait qu'il a eu une vie normale. Il a servi plusieurs ministres, a été chassé par certains, et est mort à un âge normal.

Personne ne parle de ses oreilles ni de sa naissance. Personne ne prétend qu'un fruit est utilisé dans la conception de Confucius, personne ne relève la durée de sa gestation intra-utérine.

De Lao Tseu, on prétend qu'il fut Archiviste. C'est la seule information crédible. Le reste de sa vie contient les éléments suivants :

* Il est resté quatre-vingt-dix ans dans le ventre de sa mère.
* Il est né avec les cheveux déjà blancs.
* Sa mère l'a conçu en mangeant une prune.

Confucius, esprit rationnel et peu enclin à l'exagération, appelle Lao-Tseu, « le dragon ».

Voilà les autres informations qui nous sont parvenues sur Lao-Tseu :

* Il possède des lobes d'oreilles immenses.
* Il vécut plus de trois cents ans.
* Il partit en passant la frontière Ouest sur le dos d'un buffle.
* Il écrivit le Tao-To-King juste avant de disparaître

Toutes ces merveilles, parfois étonnamment détaillées et précises, ne sont absolument rien à côté des « miracles » que le peuple lui attribue.

Il faut reconnaître que tous les maîtres du Taoïsme sont réputés pour leur capacité à marcher sur l'eau, voler dans les airs, se tenir en équilibre sur une épingle, etc.

Vraisemblablement, personne ne croyait ces élucubrations déjà à l'époque.

Pourquoi tant d'élucubrations sur la vie de Lao Tseu en comparaison de son adversaire idéologique du moment ?

Le Tao-To-King nous donne la réponse. Le Tao-To-King n'a pas de ponctuation. En chinois, la ponctuation est primordiale pour comprendre la signification de certains mots. Si l'on veut créer un livre incompréhensible, ou plutôt un livre qui autorise plusieurs interprétations contradictoires, il suffit de l'écrire sans ponctuation.

Le Tao To King n'a aucun sens.

Au dix-neuvième siècle, certains ont pu penser qu'il parlait de Jéhovah. D'autres ont cru y lire un message sur la Sainte Trinité du Christianisme. Aujourd'hui encore on compte cinq types de traductions possibles, rien que pour la première phrase du livre : « Le Tao dont on peut parler n'est pas le Tao véritable ».

Depuis deux siècles, les sinologues se disputent pour savoir qui, d'eux, a raison ? Chacun publie suffisamment d'arguments (rien qu'en changeant la place de la ponctuation présumée) pour être crédible. Peu importe.

Ce qui compte, c'est que le texte « Qui détient le grand symbole peut parcourir le monde » ou, dans d'autres versions « Qui possède le Tao, tous viennent à lui » ; ce texte est un charabia délirant, contenant une vague promesse de sagesse cachée.

Et pour cause, il a été volontairement écrit ainsi. C'est une vaste blague. C'est un livre qui parodie l'enseignement de Confucius, que l'on trouve déjà à l'époque bien trop sérieux et rigoriste.

C'est pour cela qu'on attribue le Tao To King à un personnage improbable. « Lao Tseu » signifie littéralement « le vieil enfant ». On prétend que Confucius montrait du respect à ce vieux fou, aux grands lobes d'oreille qui chevauche les buffles : pour signaler l'idiotie de Confucius.

Quand il disparaît à l'Ouest, on dit que Lao Tseu s'est réincarné. Il doit, prétend la légende, apporter le Tao dans les siècles futurs. Il est facile de penser qu'à notre époque il s'est incarné dans un autre adepte de la philosophie, que l'on surnomme aussi parfois « le dragon ». Si Lao Tseu existe aujourd'hui, il s'agit sans aucun doute de Jean Claude Vandamme.

Tout comme le philosophe-karatéka brise les noix entre ses fesses ; Lao Tseu aussi faisait des choses avec des prunes.

TERMINATOR II (JAMES CAMERON, 1991)

Le Terminator a été renvoyé pour rien

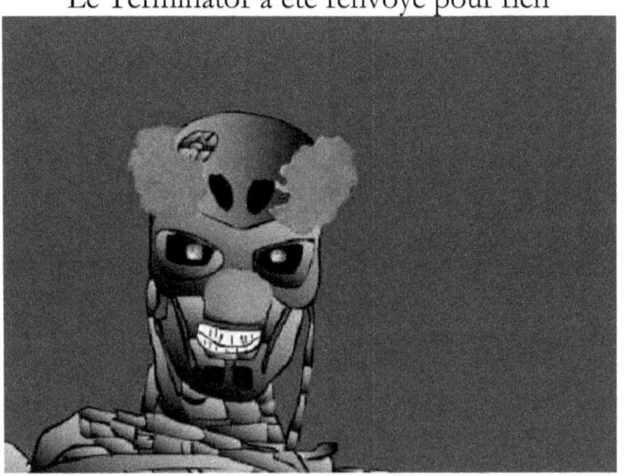

À cause d'une bande-annonce trop explicite, on oublie facilement que Schwarzenegger, dans Terminator 2, n'est pas censé être le héros. Nous le découvrons dans la seconde moitié du film, avant cela nous croyons qu'il vient de nouveau tuer Sarah Connor.

Parce que le Terminator est le méchant du premier opus, il semble l'être encore pendant le début du second. C'est une merveilleuse trouvaille cinématographique trop souvent oubliée.

Ou bien ce n'est pas que cela.

En effet, John sait que sa mère a échappé de justesse au Terminator dans le passé. Pourquoi renvoyer cet exact robot de nouveau pour la sauver, elle, Sarah Connor, et son fils (ce fils est lui-même plus jeune) ?

John renvoie en protecteur le robot précis, dont Sarah Connors va se méfier plus que tout. Il y a peu de chances que le Terminator accomplisse sa mission alors que la personne qu'il doit protéger va tenter de lui échapper.

Si John a pu reprogrammer la puce du Terminator, il aurait aussi bien pu reprogrammer un autre robot. Ou si aucun n'était disponible, changer l'aspect physique du Terminator afin de ne pas effrayer sa mère.

Pire : John renvoie un robot dont il connaît l'inefficacité, puisque ce dernier a déjà échoué à tuer sa mère dans le premier opus. John agit comme s'il ne tenait pas du tout à être sauvé dans le passé.

Et pour cause.

John se confronte à un dilemme temporel dont il ne peut pas s'échapper.

S'il ne protège pas l'enfant qu'il était dans le passé en envoyant un protecteur, le T-1000 tuera son Moi-passé, effaçant son existence dans le futur.

C'est pour cela qu'il doit faire quelque chose.

Mais s'il empêche Skynet de développer une intelligence artificielle, les conséquences sont identiques : il n'y a pas d'affrontement avec les robots. Donc il ne renvoie pas Kyle (le héros humain du premier épisode) dans le passé pour sauver sa mère. Comme Kyle est son père, l'existence de John s'efface.

Sa seule alternative, pour vivre, est de conserver un statu quo parfait : Il doit sauver son Moi-adolescent. Mais il ne doit surtout pas empêcher Skynet d'exister.

C'est pour cela qu'il renvoie exactement le même Terminator dans le passé. Parce qu'il connaît son incompétence. John espère que le Terminator sera juste assez utile pour effrayer sa mère, qui se dissimulera et échappera ainsi à la vraie menace : le T-1000.

Mais le Terminator est trop inefficace pour détruire le T-1000 et provoquer ainsi la destruction de Skynet. John ne veut pas sauver l'espèce humaine. Il veut juste garantir que son existence se prolonge.

Seulement le Terminator se révèle bien plus efficace dans le second opus. Il convainc Sarah qu'il est là pour la protéger, il parvient à détruire la puce qui permettrait l'existence de Skynet. Il détruit même le T-1000.

Rien ne va comme John avait prévu.

Pourtant, un seul espoir existe encore pour maintenir le statu quo : que la puce du Terminator soit récupérée dans le passé. Avec la puce, Skynet pourra exister. Donc John enverra Kyle, son père, dans le passé, et son existence se prolongera.

John enfant tente à tout prix d'empêcher Terminator/Schwarzenegger de se suicider. Il le supplie de vivre. Pas parce qu'il s'est soudainement attaché à un robot sans émotion, mais parce que l'adolescent a déjà compris (comme son Moi-futur) que si Terminator meurt, plus de Skynet, et si Skynet n'est plus, lui-même disparaîtra.

À cause de cela, la fin du film est dramatique. Non pas parce que le robot est mort, mais parce que nous comprenons, nous aussi, que John va disparaître, rayé du Temps.

WATCHMEN (ALAN MOORE, 1986)

L'histoire du « Black Freighter » sert à racheter Ozymendias

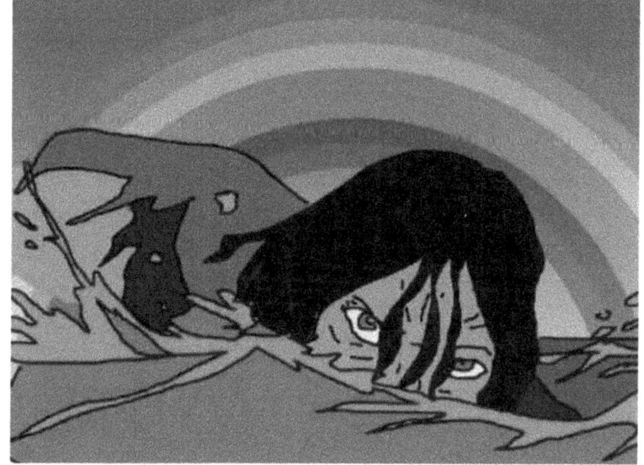

Dans la bande dessinée Watchmen, un des personnages secondaires lit une bande dessinée : l'histoire du Black Freighter.

Le thème d'un personnage de fiction qui assiste à une œuvre de fiction nous perturbe, car il nous renvoie à notre propre irréalité. Ici, l'histoire doublement fictive du « Black Freighter » (le nom de ce bateau pirate fictif est un hommage à un autre bateau pirate dans l'Opéra de Quatre Sous) permet de mieux cerner les motivations du personnage central, Ozymendias.

Dans l'univers de Watchmen, où les superhéros existent en vrai, les gens ne lisent pas des comics de superhéros. Ils lisent des comics à propos de pirates.

Cette Bande dessinée de pirates, à l'intérieur même de la Bande dessinée que nous lisons, se déroule sur plusieurs dizaines de planches.

Elle est surprenante parce qu'elle n'a aucun rapport, même lointain, avec l'histoire principale. Elle ne souligne aucun des thèmes principaux.

Dans la version cinématographique de Watchmen, l'histoire du Black Freighter a disparu. Étonnamment, bien qu'elle ne participe pas à l'histoire, les fans ont vivement été déçus de cette absence. Parce que, même si le « Black Freighter » n'a aucun rapport avec le conflit apocalyptique qui se joue, notre cerveau enregistre ce que cette histoire de pirates raconte. Elle est primordiale dans l'expérience que Watchmen procure.

Dans notre monde bien réel, les histoires de superhéros sont toujours une sorte de miroir des angoisses de la société. Alan Moore le sait. Il en joue.

Ce que révèle notre goût pour les histoires de superhéros, c'est que nous sommes dans un monde sans justice. C'est pour cela que nous apprécions les histoires de justiciers. Notre monde rejette l'individualité au profit de la vie collective. C'est pour cela que nous apprécions les histoires, où des individus transcendent notre quotidien, et seuls, influent sur l'univers entier. Nous nous sentons incapables d'agir sur un environnement trop complexe, c'est pour cela que nous apprécions des êtres avec des super pouvoirs.

Cette interprétation est un lieu commun.

C'est une analyse omniprésente et qui dispose d'une exégèse abondante à propos des superhéros (Superman comme réponse au péril communiste). Moore connaît mieux que quiconque ces interprétations. Dans l'univers de Watchmen. Les superhéros sont remplacés (dans les comics à la mode que lit le jeune garçon) par des pirates.

Parce qu'un monde où les histoires de Pirates sont à la mode est complètement différent :

C'est un monde où la justice est tellement parfaite, que l'on s'évade en lisant des histoires de hors-la-loi dénués de moral. Ce monde a maîtrisé les forces néfastes de la nature, au point que ses habitants s'extasient sur des histoires de tempêtes meurtrières et de requins tueurs. Contrairement aux comics de superhéros, les soucis familiaux ne forment pas de trames alternatives omniprésentes dans ces comics de pirates. Au contraire, la vie familiale est tellement riche et valorisante, que jamais elle n'est représentée dans Black Freighter.

Si « Black Freighter » est une Bande dessinée à la mode, c'est pour signifier que le monde qui a donné naissance à cette œuvre n'est pas totalement celui qui est présenté dans le reste du récit.

Watchmen n'est pas un monde au bord de l'explosion nucléaire. Ce n'est pas un monde plein de dangers et de criminels. Au contraire, un monde où l'on se passionne pour des histoires de pirates ultras violentes est un monde paisible, en harmonie, plein de justice et de familles épanouies, où la nature n'est jamais menaçante.

Il n'y a pas d'horloge annonçant minuit moins cinq. Toute cette angoisse est vue par le regard tordu et dérangé de Rorschach. En réalité, le monde de Watchmen est paisible.

C'est ce monde, plus parfait que celui présenté à travers le prisme déformant de Rorschach, qu'Ozymendias tente de sauver. Sans la bande dessinée du « Black Freighter », les motivations d'Ozymendias sont grotesques : si le monde est décadent, à quoi bon tenter de le sauver ? Mais si le monde est idyllique, alors la motivation d'Ozymendias devient crédible. Maintenant, son plan, les millions de morts, sert une bonne cause. Il tente de préserver un monde merveilleux. Un monde si équilibré et censé qu'il se régale d'histoire de pirates mangeurs d'hommes.

Surtout, Rorschach prend encore plus d'ampleur : il détruit, même un monde idyllique, juste pour respecter son idéal de justice. Il sacrifie l'Éden pour ne pas faire de compromis.

X-FILES (FOX, 1993-2002)
Dana Scully n'a jamais aimé Mulder

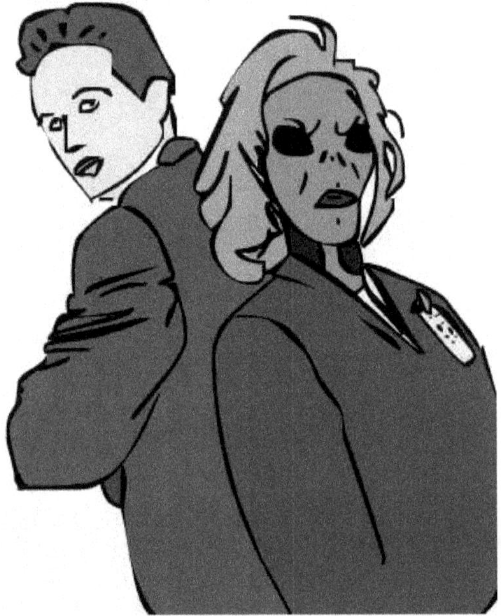

Juste avant de mourir, à la fin d'une des dernières saisons de X-Files, l'homme à la cigarette déclare à Mulder : « ne fais confiance à personne ».

Comme si ce n'était pas déjà la devise de Mulder depuis des années. Comme si Mulder, au cours des dizaines d'épisodes précédents, avait accordé sa confiance aveuglément, et à n'importe qui. Pourquoi l'homme à la cigarette, au moment de mourir, éprouve-t-il le besoin de répéter cette devise ?

Dans le pilote de la série, Fox Mulder est obligé de travailler pour la première fois avec Dana Scully. Mulder comprend, et il signale à Scully qu'il n'est pas dupe. Mulder sait qu'elle est là pour lui causer du tort, le surveiller, et surtout pas pour l'aider.

Mulder ne fait déjà confiance à personne.

L'amitié entre Mulder et Scully a quelque chose de forcé. Quiconque a des croyances un peu litigieuses (les fantômes, l'astrologie, l'acupuncture, l'homéopathie) ressent un certain énervement quand quelqu'un d'autre rejette ces croyances. La situation est encore pire pour quiconque s'estime rationnel : entendre des élucubrations dont on a la preuve qu'elles sont erronées peut rendre presque agressif.

Il n'y a aucune raison que Scully puisse supporter Mulder. Non seulement il croit en des mythes ridicules. Mais en plus, il méprise la seule croyance qu'elle possède : sa foi religieuse.

Scully déteste Mulder. Elle ne le montre pas. Pourtant les producteurs de la série ont parfaitement expliqué son rôle véritable au cours de nombreux épisodes : Scully surveille Mulder.

Pire, à chaque épisode, c'est à cause de Scully que Mulder échoue à rapporter les preuves du paranormal. Il a fréquemment le choix entre sauver sa collègue, ou récupérer un indice primordial. Il choisit sa collègue à chaque fois. Scully a réussi son infiltration. C'est à cause d'elle que Mulder manque de preuves pour révéler publiquement le complot.

Plus inquiétant, le rôle principal de Scully est de pratiquer des autopsies. C'est une scientifique, mais à aucun moment les producteurs ne la présentent comme un médecin légiste. Le rôle de ces autopsies répétées est de nous faire associer Scully avec la plus célèbre autopsie du domaine du surnaturel. La célèbre autopsie de Roswell.

Si Scully est associée à cette opération, c'est pour signifier deux choses : d'abord le fait que comme l'autopsie de Roswell est une contrefaçon, elle-même, Scully, est fausse. Ensuite, que Scully est liée d'une façon ou d'une autre aux extra-terrestres !

Scully est un agent, dont la mission est d'empêcher Mulder d'agir. Plus probablement, Scully est un extra-terrestre sous forme humaine. Les aliens, conscients de la menace que présente Mulder, décident d'envoyer l'un des leurs, Scully. Elle a la charge de maintenir l'agent du FBI sous contrôle pour que le plan d'invasion extra-terrestre se déroule sans problèmes. Les aliens savent que le « Syndicat » (dirigé par l'homme à la cigarette) poursuit ses propres objectifs. Les aliens doutent que le Syndicat puisse contrôler Mulder. Les aliens envoient leur meilleur agent : Scully.

De toute façon, la série n'a jamais caché que Scully est un alien. Pour quelle autre raison serait-elle enceinte d'un alien ?

www.ingramcontent.com/pod-product-compliance
Lightning Source LLC
LaVergne TN
LVHW012054160826
845678LV00014B/2825